SHENG HUO
YAO YOU
YI SHI GAN

生活
要有
仪式感

篱落◎著

应急管理出版社
·北京·

图书在版编目（CIP）数据

生活要有仪式感/篱落著． -- 北京：应急管理出版社，2019
ISBN 978 - 7 - 5020 - 7709 - 9

Ⅰ.①生… Ⅱ.①篱… Ⅲ.①生活方式—研究 Ⅳ.①C913.3

中国版本图书馆 CIP 数据核字（2019）第 212728 号

生活要有仪式感

著　　者	篱　落
责任编辑	高红勤
封面设计	吕佳奇
出版发行	应急管理出版社（北京市朝阳区芍药居 35 号　100029）
电　　话	010 - 84657898（总编室）　010 - 84657880（读者服务部）
网　　址	www.cciph.com.cn
印　　刷	三河市宏图印务有限公司
经　　销	全国新华书店
开　　本	880mm×1230mm $^1/_{32}$　印张　6　字数　180 千字
版　　次	2019 年 10 月第 1 版　2019 年 10 月第 1 次印刷
社内编号	20192544　　　　　　　定价　29.80 元

版权所有　违者必究

本书如有缺页、倒页、脱页等质量问题，本社负责调换，电话:010 - 84657880

前言
PREFACE

记得有人曾经问过我这样一个问题,她问:"仪式感真的很重要吗?"我反问她:"你觉得呢?"她说:"我觉得很重要。"我说:"我的答案和你的一样。"

仪式感听上去是挺"高大上"的,其实都是由生活中一些细小琐事组成的。

比如,在你出门前给你的爱人一个轻轻的拥抱,说一句"我上班去了";下班回到家时再给对方一个拥抱,说一句"我回来了"。再比如,给自己化个精致的妆容,为自己做一顿丰盛的餐食等诸如此类的小事,都可以说是生活里的仪式感。

可是很多人因为忙碌,又或是"嫌弃"这样的方式太过于矫情,感觉自己很难说出口,同时也不愿意把自己的生活弄得那么"麻烦",在生活中能简则简,于是就出现了各种各样应付式的生活方式,比如"快餐式"的生活方式,就毫无精致感可言。

到底什么是仪式呢?仪式就是生活里出现的每一件事情,你都能足够重视它,给予它鲜活的灵气。

比如一本书放在桌子上,你没有捧起它时,它只是一本书,但当你洗过双手后，再捧起它阅读时，你就给予了它很多的芬芳，它也就开始变得重要起来，这就是仪式。

你把一件普通的事情变得有趣，把一件单调的事情变得有生气，这也是仪式。

生活中的事情大多平平淡淡，很难让人产生愉悦的情感，这是人生的常态。而自己有心把生活中的每件细小事情都变得有趣，那么你生活中的乐趣就会变得越来越多，平淡的生活也会因此变得多姿多彩。

不要总是把忙碌挂在嘴边，偶尔让自己闲散一下，给予生活一点儿小乐趣，让它们来点缀你平淡的生活。

你我虽然都是普通人，但普通人也有快乐的权利。有些快乐真的不是别人给予你的，而是你自己争取的。比如，你早上起床后匆匆忙忙地吃一桶泡面，和喝一碗自己精心熬成的粥相比，心情是完全不一样的；你穿一身破烂的衣服，和一身精致的装扮相比，心情也是不一样的。

你的快乐取决于你对仪式感的重视程度，你越是重视，你的生活就越有滋有味，也就越体面。如果你对生活中的每一件小事都怀有重视之心，相信生活也同样会重视你。

你的人生应该重视起来，放下懒惰，放下复杂的心理，给自己和别人都留一份体面，在每一个平凡的日子里，都要活得闪闪发光。

目录
CONTENTS

第 1 章
生活应该像首诗 / 001

每个普通的日子，都应该变得有趣 / 002
累并开心着 / 006
清晨，该有别致的心情 / 010
努力去追求自己的爱好 / 014
我愿意不断去尝试 / 019
生活需要仪式感 / 024
你的人生，可以活得更精彩 / 029

第 2 章
不让心情不美丽 / 033

别让烦恼毁了你 / 034
心情烦闷时，找点儿事情做 / 039
一成不变的生活枯燥无味 / 043

摆脱抑郁魔咒 / 048

我愿意做个美梦 / 052

输了心情，你就输了世界 / 056

第3章
我乐于和世界沟通 / 061

告诉自己，我活得不错 / 062

很遗憾，你的生活成了工作 / 067

消费，是你对生活的热情 / 071

为了更好地生活，我愿意搬家 / 076

世上多少事，想着想着就算了 / 081

碎片化时间，决定精彩 / 086

第4章
爱的仪式 / 091

爱是需要表达的 / 092

给对方心跳的感觉 / 097

认真对待每份真心 / 101

让聊天有点儿温度 / 106

爱让我们像个孩子 / 110

最好的爱是彼此舒适、自在 / 114

期待太满，会有伤害 / 118

第5章
精致如斯，点缀岁月 / 123

过去值得回忆，当下值得珍惜 / 124
趁年轻，多些经历 / 129
生活，从来都不凑合 / 133
有品质的生活 / 137
扛过一切悲伤 / 142
只要足够努力，生活就会有惊喜 / 146

第6章
生活中的细节之美 / 151

早餐哲学 / 152
不去评判别人的生活 / 156
拜托，活得精致一点儿 / 160
假期就是用来享受的 / 165
做人，最重要的是开心 / 169
学会给自己一个拥抱 / 173
吵架有时不是坏事 / 178
面朝大海，春暖花开 / 182

SHENGHUO
YAOYOU
YISHIGAN

第 1 章
生活应该像首诗

若想拥有一个有趣的人生,把每天都活成一个精彩的故事,就必须与日常琐碎的生活和解,并且与它"谈情说爱"。因为只有你爱它,它才会爱你。有趣不在于你是否有钱,而在于你是否用心。

每个普通的日子，都应该变得有趣

生活中，总有人在不断抱怨着生活的无趣：每天两点一线的生活，不仅没有激情，还生不起涟漪，让人感到无聊至极。

其实，对于说这种话的人，我原本不愿给予他太多的宽慰，因为生活是自己过出来的，快乐也是自己寻找的，你想要什么样的生活，完全取决于你自己。

为什么有些人一天到晚都过得那么有趣，而你每天都过得死气沉沉呢？还不是因为你懒吗！灵魂想要有趣，可身体却很诚实，舍不得多动一下。于是，只能一边叫喊着自己的日子有多么无趣，一边看着别人多姿多彩的生活羡慕不已。

我认识一个朋友，叫马大大。他今年 30 岁，未婚，在一家私营企业上班。

他身边的同事都是按时上下班，下班回家后带娃的带娃，打游戏的打游戏。唯独他不一样，在其他同事的眼里，他活得像个另类，但却活得足够有趣。

他每天的生活都非常有规划。别人如果上午 9 点上班，早上 7 点半才会起床收拾。而他每天早上 6 点就起床了，洗漱完毕后，他开始沿着江边跑一个小时的步，一边听音乐，一边奔跑。大汗

第1章
生活应该像首诗

淋漓的他先是回家洗个澡,然后才开始吃早餐。

白天按部就班地工作,下班后的时间富余而自由。很多人都会选择"葛优躺"看电视、玩手游。而他却选择弹吉他,或做些手工艺品来打发时间。总之,他的每一分钟都过得很有意义。

别人也会羡慕他每天充实的生活,问他怎么坚持下来的,他每次都会淡淡地回一句"养成习惯就好了"。

确实如此,养成好的习惯会让你的生活变得充实。虽然每天的日子都很普通,但马大大却过得比常人多了很多乐趣。之所以会这样,就是因为他养成了好的习惯,让自己每天的生活变得丰富多彩。

相信那些愿意多花心思的人,在工作与生活中也一定不是无趣之人。因为愿意把日子过活的人,就会觉得每天都过得充实有趣;而不愿意把日子过活的人,一生都是一个模样,很难有大的改变,生活自然也就无趣了。

前两年我和朋友去广州玩了一趟。某天,我跟他去一家西餐厅吃牛排,接待我们的是一个二十来岁的男生,长相清秀。

在把我们这桌安顿好之后,他很快去了邻桌。邻桌是一个德国客人,男生很可能不懂德语,因为他不断地对着德国人比画着。可这些比画的动作,却逗得德国人大笑不止。能够看得出来,这位德国客人真的很开心,于是他多点了几道菜。那几道菜都是男生通过手势推荐的,虽然这位德国客人吃不了那么多,但他还是想点那些被男生推荐的菜。

在那一瞬间,我能感觉到男生在日常生活中也肯定是一个很

生活要有仪式感

有意思的人，这个想法使我对他多加关注起来。

在用餐期间，我跟他聊了聊，通过简单的交流，发现他确实是一个非常有趣的人。他是个大学生，目前正在读大三，利用暑假时间来餐馆打工，赚点儿生活费。

虽然餐馆每天的工作都是一成不变的，但他自己却可以变化，比如他的心情，以及他面对客人时的心情。他经常会用一些小花样，既不失分寸，又不失文雅地把客人逗得哈哈大笑。

每周休息时，他会骑着自行车绕湖一圈，偶尔还会去图书馆读读书。同龄孩子会觉得这样的生活枯燥无比，但他却觉得妙趣横生，区别就在于他愿意花比别人更多的心思去经营自己的生活。在他眼里，所有事情都是好玩儿的，因为他善于发现乐趣，也善于去捕捉有趣的事物。

有些人即使不刻意地去展现自己，只是一个动作、一个眼神，就能让人知道他是个怎样的人。

去年下半年去尼泊尔的途中，我结识了一个很有趣的姑娘。姑娘以前在国企上班，因为不甘于平庸，想证明自己的能力，所以辞了职，勇敢地跳槽到了喜欢的外贸公司。此外，她还学习瑜伽、弹钢琴、学外语、交朋友。

从她的身材就可以看出来，她的瑜伽没有白练；而举手投足间所表现出来的优雅气质，则跟她弹钢琴有很大关系。她会三国语言——德语、英语和西班牙语，她不只是浅尝辄止，而是能"真刀实枪"地派上用场。

我想她应该是没有烦恼的，因为她每天都过得很充实，没有

第1章
生活应该像首诗

时间去为一些不必要的事情烦恼。

遇到有假期的时候,她会为自己安排一场旅行,或者和两三个驴友一起外出,途中遇到困难时他们会相互帮衬,休息时他们会谈天说地,倾听彼此的故事。

她出门旅行背的包,是自己制作的。当她身边的人知道这件事后,都夸她心灵手巧。可是却没有人知道,心灵手巧的背后,蕴藏的是她对生活的热爱。

生活中的趣味并不都是"惊涛骇浪"的大事件,而是由无数鲜活的小事件所组成,真正的趣味也正是在这些小事情里发酵。

大家应该都知道杨绛先生的《我们仨》这本书吧!它记录了杨绛先生与丈夫钱钟书,还有女儿阿媛的故事。小小的日常生活,被他们过得很有趣味。比如去菜市场、去动物园等,三个人的琐碎生活,他们都能过出活色生香的味道来。

这种对生活的兴趣,源自他们对生活的高度热爱,这是源于骨髓的。如果你热爱生活,无论什么事,你都会把它变得有趣起来。

若想拥有一个有趣的人生,把每天都活成一个精彩的故事,就必须与日常琐碎的生活和解,并且与它"谈情说爱"。因为只有你爱它,它才会爱你。有趣不在于你是否有钱,而在于你是否用心。

SHENGHUO
YAOYOUYISHIGAN
生活要有仪式感

累并开心着

早晨6点，朋友发布了一则朋友圈："来北京后的第一百N+N次通宵，等待科比凌晨4点的太阳。"我随即点了个赞，并在底下开玩笑似的评论道：难怪你那么瘦。

他瘦是真的。一米八的大个儿，却只有110斤出头，瘦得皮包骨头。之所以这么瘦，多多少少有熬夜的成分在内。

他1991年出生，博士刚毕业，永远都在忙碌。有一句话可以形容他：不是在忙，就是在忙的路上。他有着做不完的实验，忙不完的工作，搞不完的投资。

前一段时间，他朋友圈的动态是：办公室的网速太慢，跑来网吧查资料，一桶泡面伴我到天明……

他累不累啊？当然累，但一想到累过之后，有甜甜的生活在前方等待着自己，就觉得一切累都是值得的。

生活在这个快节奏的时代，大概没有人是不累的吧。我们被生活拿着无形的鞭子赶着走，你不走，就会被鞭子抽得体无完肤，而且还没有人会心疼你。为了生活得更好一点儿，我们不得不拼尽全力向前奔跑。累一点儿也无所谓，因为狂奔过后，总会到达梦想的终点。

第1章
生活应该像首诗

前段时间公司新来了一个同事，负责美工设计。他刚大学毕业没多久，这是他的第二份工作。

虽然他很年轻，但却特别努力，做起事来勤勤恳恳，很是敬业。在公司里他什么活儿都抢着做，每天第一个来公司的是他，最后一个离开的也是他。

也许大家会说因为他才来公司，是新人，所以表现表现是应该的。但我要说的是，一个人可以装一天、两天、一个月，甚至两个月，但持续半年一直都是如此，就只能说明他是真的很热爱这份工作，并愿意为此付出辛苦了。

记得有一次因为任务出得急，跟他一起搭档的同事却请了病假休息，只剩下他一个人在工作，而这个设计又要得很急，于是他连续熬了两个通宵，终于按时把它做了出来。

当第二天他顶着两只熊猫眼来公司时，经理特意给他批了半天假，说让他回家休息休息，但却被他拒绝了，他说他还能坚持住，暂时不需要休息。

半年之后，他升职了，成为整个公司最年轻的主管。升成主管后，他的精力更旺盛，工作也更加努力了。

他说现在苦一点儿没关系，他现在的苦能换来身在农村的爸妈的快乐，也能换来自己日后的幸福。所以生活的鞭子无论多么用力地抽打在他的身上，他依然能笑脸相迎。

年轻时辛苦一点儿没有关系，因为你的肉体和你的灵魂都能经受得住这种摧残，你的精神也能承受得住生活烈火的淬炼。在年轻时身体上所受的苦，总好过年老时精神上所受的苦。

我有个发小儿，她就特别能吃苦。每次问她为什么这么拼，她总是笑眯眯地回答说是为了以后的日子能甜甜地过，为了能谈甜甜的恋爱，为了能去甜甜的地方。

大概是从高二那时开始，她就特别努力。别的同学那时都在玩耍，她却总是一个人孤零零地坐在教室里看书。

也有不少同学刻意针对她，说她不合群，刻意孤立她。但她从不在意，依旧自顾自地学着，好像别人的嘲弄不存在似的。

高考成绩下来以后，她拿了个全市文科状元。那时同学们全然没有了之前的嘲讽，也没了之前的孤立，全都蜂拥着上来向她祝贺。那时她便知道，她之前的一切辛苦都是有意义的。

大学毕业之后，她继续读了硕士，特别努力，也特别拼命。

她现在在一家上市公司上班，拿着比同龄人高很多的薪水，住着舒适的大房子，想吃的东西从不需要看卡上的钱够不够，也不用顾及交了房租后就再也做不了其他的事情。总之，她可以做一切她想做的事情。

每次跟她聊天，都能在她身上看到努力的影子。一旦你有颓废的念头，跟她聊聊天，立刻就会变得努力起来。

在她的电脑屏幕上，有这么一句话：现在有多苦，以后就有多甜；极致累的后面，是极致的美。

"知乎"上有这样一个问题：你最累的时候是什么时候？

下面有个被高度称赞的回答：连续五天，只睡了三个小时。

那时候他还不是正式律师，只是律师助理而已。当时他参与了一个诉讼，因为涉案人员太多，光原告就有几十个人，所以要整理的材料长达上千页。他强打着精神处理这些材料，一天要喝掉三杯美式咖啡来提神。

第1章
生活应该像首诗

在办公室里他还没有犯困的念头，可只要一进厕所，他就困得不行，所有的注意力全部泄了下来，即使是坐在马桶上，他都能睡着。

上厕所的时间，是他唯一的休息时间。经过几天通宵达旦的工作，案子终于胜诉了。他那么努力地工作，心血没有白费。

人最痛苦的是什么时候呢？就是你从来没有认真地去做过一件事情，也从未认真争取过。不知道奋斗的意义，也没有奋斗的激情，这才是最可怕的。

只要是人，活着就会感到劳累，但工作上所取得的成就赋予了我们价值，能让我们过得开心，也能让我们过得有意义。

我有一个朋友，他每天的生活和工作都被安排得满满当当。他工作繁忙，每天都有很多的事情等着他去处理。他白天所有的时间都被工作支配，一分钟空闲都没有。

其实他也很累，但每次回到家，他总会把疲惫的情绪收起来，给家人展现出一副笑脸。

为什么这样做呢？因为他不想把苦累带回家中，他只想和家人分享甜蜜的果实。回到家的时候，妻子忙着做饭，他会逗小宝宝开心，不会因为白天的忙碌，就一副对谁都爱搭不理的样子。他的累能为家人创造幸福，所以他愿意为此奔忙。

累点儿没有关系，大不了多吃几碗米饭，趁休假的时候，远行放松一番。

你还年轻，你现在可以一无所有，但你不会永远都这么年轻，你也不能永远都一无所有！

清晨，该有别致的心情

早上的心情决定你一天的生活质量，不管你信不信，事实都是如此。所以我的建议是，早上你最好不要赖床，不要等到日上三竿了，才从被窝里慢慢腾腾地爬起来。

你起得早，一天的工作质量和生活质量就会大大提高，相对而言，你的心情也会跟着变好。

认识一个研究《易经》的老师，他今年已经50多岁了，但气色看起来却只有40来岁的样子，即使说他今年30多岁，也大有人相信。因为他不仅面色红润，而且气场还很强大。

他利用沏茶的空闲告诉我，他每天晚上9点半睡觉，早上5点起床，这个习惯已经保持了整整18年。

他每天早上早早地起床，工作前的几个小时，都是属于他的自由时间。他可以打打太极，也可以沿着公园的小路散散步，回来后还可以泡上一壶茶，然后慢慢地品尝。如此循环往复的生活，让他觉得自己的生命像是被镀上了一层金，闪闪发光，妙不可言。

早上的好心情，能让他一整天都心情愉快，工作效率也因此大大提高。因为心情愉悦，所以便不会因鸡毛蒜皮的小事而与别

第1章
生活应该像首诗

人发生争吵，也不想让那些小事影响自己的好心情。

拿我自己来说，我也是一个喜欢早起的人。每天晚上入睡前，我都会定个第二天早上 5 点半的闹钟，闹铃一响，就会立刻起床，绝不拖泥带水。

很多人会对此感到不解，因为在年轻人看来，早起意味着提前步入了"老龄化"阶段，那是老年人才会做的事。所以很多人都会问我，你能起得来吗？能坚持得下来吗？你起那么早是为什么？对于这些疑问，我从来不作过多的回答，因为懂的人自然会懂，不懂的人永远也不会懂。

其实在这之前，我也不喜欢早起，而是喜欢赖床。尤其是到了周末，不睡到日上三竿绝不会起床，连上厕所都懒得动，等到憋得实在忍不住的时候才会起来，结束一天的赖床之旅。

因为起得太晚，下午的大多时间我都是昏昏沉沉的，精神也萎靡不振。起那么晚的我，到了下午 5 点居然还想休息，一天基本上什么都没做，时间就这样被白白浪费了。

后来年纪渐大，才开始慢慢改变作息时间。不管是工作日还是休息日，都坚持在早上 5 点半起床。

起床后的第一件事，是先给盆栽浇点儿水。看着盆栽里的那些绿，一宿的睡意会全部散去，随之而来的则是满满的活力。

接下来是打开窗户透透气，然后利用煮鸡蛋的时间进行洗漱。洗漱完毕后，再把房间里的音乐调到合适的音量，使得整个人都陷在欢快的海洋。

剩余的时间，则想想自己平常有没有想读却没读的书，将书

生活要有仪式感

名记下来，方便接下来查找。如果时间还足够富余的话，可以做做笔记，或是写写心得体会。

因为长期坚持早睡早起，坚持清晨在阳台上呼吸清新空气，使得从不长胖的我竟胖了三斤，这让我有说不出的惊喜。

古人说"一日之计在于晨"，而我要说的是你一天的收获也在于晨，你的好心情也自然在于晨。"早起是治家之本"，不仅如此，早起还对人的健康有很大的好处，既然好处这么多，我们为什么不坚持这样做呢？

曾看过这样一个报道，报道中采访了12个年轻人，采访问题是对于早起有怎样的看法。12个人的回答虽然各不相同，但大概内容却完全一致：能获得很多，身体和精神上都会感到快乐。

其中有一个受访者说，自己今年快30岁了，碌碌无为地过了半生，但却没有任何成就感可言。其中最大的原因就是不把时间当回事，喜欢晚上无节制地熬夜。

就算知道第二天早上要上班，他晚上也会熬到凌晨三四点才睡。他的熬夜不是为了工作，而是因为游戏一类的杂事。第二天硬着头皮起来，精神不仅浑浑噩噩，而且到了单位什么都不想做，总想趁着领导不在的时候偷偷睡觉。长期这样下来，工作效率低不说，还没有做出任何的成绩。

眼看自己马上就到了"三十而立"的年龄，可自己却什么成绩都没有做出来，看着镜子里的自己感到非常惭愧。他对自己说应该改变些什么，但从哪里开始改变呢？他想到了每天最重要的时刻——清晨，从清晨开始改变自己。

第1章
生活应该像首诗

从不早起的他开始试着早起。一开始闹钟响了他根本就无动于衷，后来他改变了策略。例如，每天想早上6点起，他会将闹钟调至早上5点。一天天慢慢地把时间往前调，当自己的生物钟彻底调好后，他就每天遵守闹铃的时间，一到时间就马上起床。

每天起床起得早，能做的事情自然就会变多。二月河就曾经感叹过，时间都是偷来的。

他也一样，觉得早起的时间都是偷来的，因此格外珍惜。比如以前每次工作时，他都会时不时地开小差，不是睡觉就是玩手机，数着时间混日子。而现在早起以后，他对每分钟都格外珍惜，不敢随意浪费，不然就觉得对不起自己早起的大好时光。

你要知道，你的好心情来源于春夏秋冬每一个阳光明媚的清晨。如果不信，你大可调个闹钟早起试一试，一试便知其中的真假。

努力去追求自己的爱好

有属于自己的爱好,是一件很幸福的事情。怕就怕人活在这世上没有任何喜好,麻木而没有激情地活着。

你为自己热爱的事情疯狂过吗?有人有,也有人没有。

刚满 18 岁的薛丽就有过。

薛丽其实不能算一个良好的社会青年,因为她叛逆、抽烟,而且还喝酒,长辈眼中"坏孩子"的特性,在她的身上都能找到。

她只读了个大专就进入了社会,工作了两年,不但没有找到工作的重心,还找不到东西南北,灵魂也没有任何归属感。可她有个特别的爱好,那就是喜欢唱歌,而且是发自内心地喜欢唱歌。但她的这个爱好却被她的家人当作"不正经"的爱好,认为既没有前途,也不会有什么出息。还说这样的职业不靠谱儿,带不来任何实质性的东西,比如不能让她吃饱饭,也不能给家人带来安全感。

在工作的两年时间里,她虽然表面上看去嘻嘻哈哈的没个正形,但在她的头脑里其实早就有了自己的规划。

在她工作的那两年时间里,她看清了很多东西。后来她戒了

第1章
生活应该像首诗

烟酒,并存了一小笔钱。

工作两年以后,她重新回到了学校,并报考了北京舞蹈学院。由于专业成绩出色,学习成绩又名列前茅,她被北京舞蹈学院音乐剧系录取了。

在别人眼中看起来"不正经"的工作,她却用最好的事实证明了自己,让所有人哑口无言。

只有热爱不热爱,没有正经不正经。你强烈地想要做的事情,并觉得通过自己努力一定能做的到,就一定是"正经"的。别人怎么看不重要,重要的是你自己怎么看。

我上大学的时候,同寝室的一个同学特别喜欢弹吉他。她痴迷的样子被很多人嘲笑,说她当初没报考音乐学院完全就是个错误。她羞涩又尴尬地回了一句,因为当时专业成绩不够好。

当所有人都在嘲讽她的时候,只有她们的辅导员在鼓励她。她说那你就把它当成你的精神食粮吧,不用在意别人的眼光。

辅导员的话像是一针强心剂,每当她有快乐或是不快乐的事时,她都会抱着吉他弹唱。

后来毕业之后,她也像其他毕业生那样开始找工作,一切按部就班地进行着。

工作的时候她从不挑三拣四,只要是在她工作范畴内的,她都会主动去完成。她觉得这样不仅有助于提高自己的工作能力,还为自己以后的发展打下了良好的基础。

等到工作稳定之后,她开始着手组建自己的乐队。等已经有了一定的经济基础,便开始寻找她的精神伊甸园了。

生活要有仪式感

她工作之外的生活，几乎全部都在音乐上。而在她的辛苦努力下，她们的小乐队陆陆续续地接到了不少演出通知。从她脸上的微笑就能看出来，她是幸福和快乐的。

那些曾经嘲笑过她的人，看到她如今过得如此充实与快乐，也都把嘲笑转为默默的祝福。

你的立场有多坚定，你的热爱就有多值钱。如果连你自己都不够自信，没有勇气去实现自己的梦想，就只会成为别人嘲笑的对象。

"知乎"上有这样一个问题：你有没有长期坚持的爱好？

有个答主说自己做了一个个人网站，所有的东西都是自己弄的，如自己设计、自己写代码，凡事都亲力亲为。除此之外，网站的页面基本一年换一次版，到今年为止，已经有七个年头了。但他并没有将自己做的这一切告诉其他人。

只是因为自己热爱，所以才一直在坚持。无所谓结果，只在意过程是否精彩。

记得有个好友说过，如果有自己的爱好，即使是挤时间也要坚持，不要去在意别人的眼光，只管做好自己热爱的事。

他从小就喜欢画画，但却没有刻意学习过，都是自己在家琢磨，有段时间他都佩服自己居然能琢磨出那么多的绘画技巧。

他是个游泳运动员，从小学开始，就进入了这个行业。他每天都需要进行高强度的训练，留给他的时间其实少之又少。但即便是这样，他也从没有放弃过绘画。每周他都会抽出点儿时间来，在画板上进行练习。进入初中后，他就更忙了，可自由支配

第1章
生活应该像首诗

的时间也少得可怜。但是总会想办法挤出时间去练习画画。

他就这么一直努力地坚持着，不断地学习着。因为热爱，也给他枯燥辛苦的训练带来了很多快乐。前几年他参加某艺术组织的绘画活动，还获得了奖项。他感到无比欣慰，因为这是对他努力坚持的莫大肯定。

他说无论以后从事什么职业，都不会把爱好抛弃，也不会找借口让它蒙上一层灰。

另一个好友丽丽也是这样，她喜欢写作，并为此几近狂热。但她的家人却不支持她，说写作没什么出息，尤其是写小说，写得慢不说，还挣钱少，怎么看都是不切实际的。

其间，丽丽也挣扎过很多次，但最终却都坚持了下来。她也知道只有填饱了肚子才能更好地前行，但是靠之前的积蓄，她还能再撑一段时间。

最后，她决定好好利用这段时间，再努力拼搏一把。为了避开父母的唠叨，她从家里搬了出去，找了一处便宜的院子，安心地住了下来，继续自己喜爱的写作事业。

她把自己所有能够利用的时间都利用上了。她不出去看电影，也不出去聚会，更没有什么其他娱乐活动，留给她的只是一张书桌、一些书籍和一台笔记本电脑。

为了写出自己满意的作品，她绞尽脑汁，费尽心思。虽然有时也会感到迷茫，但好在她坚持了下来，并没有放弃自己热爱的事情。

在这一年的时间里，她发表了几部中篇小说，也写了一些自

SHENGHUO
YAOYOUYISHIGAN
生活要有仪式感

媒体文章，还跟某网站签了约，目前正慢慢进军影视行业。

你的爱好好不好，只有你自己知道，别人是永远不会知道的。也许在你没成功前有人会对你的所作所为表示不理解，甚至说一些过激的话，如果你妥协，放弃了自己的爱好，那你就彻底输了。

记得我弟弟说要报考播音主持那会儿，我家里人也不同意，于是他便用自己的实际行动来告诉家人自己有多么热爱播音主持这个行业。每天一大早起来，他就开始朗读晨报、练习普通话，让家人看到他的付出和努力。正是因为看到了他的努力，父母才松了口，让他报考了这个专业。

现在他是某深夜电台的播音主持人，很多听众都很喜欢他的声音，说他的声音有着莫名的治愈能力。

其实他们不知道，这种治愈声音的后面，每一个发音都隐藏着弟弟的努力和汗水。

有自己爱好的东西，真的很幸福，因为它能让你的灵魂有所寄托，也能让你找到生命的价值。

如果你深爱一样东西，只管努力去追求就好，只要你坚持不懈地朝着目标前进，一定能迎来属于自己的那片天地。

第1章
生活应该像首诗

我愿意不断去尝试

前天我跟朋友一起去射击场玩儿。一开始满怀欣喜,觉得非常好玩儿,而且看着大厅里展示的那些枪支弹械,觉得实在是太酷了。

之后我们找工作人员拿上装备,一起走进了射击大厅。但走进射击大厅后,我的心情发生了很大的变化,从一开始的兴奋逐渐变成了害怕,特别是在听到枪声和看到射击冒出的火星时,我尤其感到不寒而栗。

等轮到我射击的时候,我害怕得不敢向前迈出脚步,身体一直抗拒着,有个声音不断地在耳边重复着:万一出现差错该怎么办?会不会有意外情况发生?

总之,各种声音在我耳边不断响起,一边告诉我没关系,要勇敢地进行尝试;另一边却告诉我不要去,万一有意外情况发生呢?

最后,在朋友的劝导下,我闭着眼睛试着开了第一枪。等开出第一枪后,我整个人就像开悟了似的,之后的第二枪、第三枪都很自然,并没有我想象得那么可怕。相反,我还在其中找到了不少的乐趣。

从那次之后，我发现尝试也是一件很美好的事情。很多东西你一开始往往不敢去尝试，但当你勇敢地跨出第一步之后，你就会发现其实没有什么事情是自己做不到的。

比如之前学游泳，总觉得会很痛苦，尤其是看到别人在水里练习憋气时，觉得简直太折磨人了。于是，在心里总是不断地想着，万一自己淹死了怎么办？

眼看着别人在水里游泳，自己内心却在不断地挣扎着。但转念一想，既然来了，也不能缩着脖子回去吧。于是闭上眼睛，深呼一口气，心里想着有教练在，自己也死不了。既然死不了，那又怕什么呢？大不了呛几口水呗。

抱着这个态度去练习后，果然轻松了很多，内心也没有了任何压力。几次练习下来，也就学会了游泳。

当你踊跃地去尝试第一件事情后，第二件、第三件也就是顺其自然的事情了。

你想要尝试的东西，都应该努力地给自己一次机会，只有这样，你才能有成长和进步的空间。

食物好吃不好吃，你只有尝试过才能知道；衣服好看不好看，也只有穿到身上才能知道。尝试过后，你才知道是否要继续吃下去，是否要买下来。

很多东西，不管你是否喜欢，都应该勇于尝试，因为只有尝试过后，你才能有一定的话语权。

记得我很小的时候，面对陌生的食物时，即便是妈妈把它夹到我的碗里，我也是不愿意吃的，因为心里总是有抵触的情绪，

第1章
生活应该像首诗

害怕这个陌生的食物不符合自己的胃口。

实际上我根本就不知道它是什么味道的,更不知道它是好吃的还是难吃的。直到后来妈妈凶了我,我才勉强用筷子把它夹到嘴巴里,然后细细地嚼碎再咽下肚。

等吃下去之后,才觉得它好吃。但又碍于面子,只好跟妈妈说这个食物吃着很一般,不如自己平常喜欢吃的食物那么美味,实际上心里早就乐开了花。

所以多去尝试并没有什么坏处,它会让你发现更好的、更新鲜的东西。

记得以前曾跟表姐约好一起去考雅思,于是开始重新学习英语。可之后又总觉得背单词难,记语法更难,总害怕自己记不住。尤其是那些很长的单词,总让我感到特别恼火。

没过两天我就想要放弃,不想再去想考雅思的事了。表姐劝我再试试,可我却坚决不听。反观表姐,其实她的语言天赋比我要差很多,但是她却咬牙坚持了下来。

在我放弃不敢尝试的那段时间里,表姐做了很多,她不仅背了很多单词和小短文,还做了很多的英语测试题。她最终的考试结果也很令人满意,因为她是高分通过的。而我则因为被考试的难度吓破了胆,因此停止了前进的步伐,最终的结果自然是可想而知的,我什么都没能得到。

其实,很多时候我们都是在自己吓自己,凡事只要迈开了第一步,你就不会觉得事情真的有那么难。

成长的路上也一样,你喜欢的或是你想去做的,那就勇敢

生活要有仪式感

地去尝试。别人给你的都只是参考性的意见，结果如何，还要看你自己如何去实施。就比如你热爱篮球，每次都只是远远地站在角落里看着别人娴熟地运球，自己却从来没有往前多走一步的勇气，那么你就永远只是旁观者，篮球与你永远都是有缘无分的。

去年夏天，我在徒步旅行中认识了一个男生。他说自己非常喜欢写作。我问他写过哪种类型的文字，他却只是笑着摇摇头，并不作答。

良久之后，他才说了一句，其实自己什么都没有写过。我对他说的话表示很惊讶，不断地反问他为什么。他说因为自己没有勇气动笔，总觉得自己会写不好，怕写出来的东西没人看，更怕自己写的东西连自己都不愿意看，总之就是前怕狼后怕虎。

可那有什么关系呢？如果你都不愿意动笔，又怎么可能写得好呢？再说了，你都没写，又怎么会知道自己写不好呢？

有些东西只有你去做了，才会知道其实也就那么回事，虽然没有想象中的那么简单，但也没有想象中的那么困难。

说到底，还是懦弱与没有底气，如果连尝试都不敢的人，相信他也不会有太美好的未来。

我有个朋友想学表演，可他周围的人都觉得他没有表演的天赋，劝他早些放弃。他们还对他说，最主要的是表演不是人人都可以学习的，他那三脚猫的功夫和影帝的距离差得可不是一星半点儿。

他被这些声音吓得止住了继续前进的步伐，因为他对自己也没有多少信心，所以很快便放弃了表演的梦想。

第 1 章
生活应该像首诗

　　对于自己喜欢的事业,如果你连尝试的勇气都没有,被别人三言两语就说得落荒而逃,那你还能指望自己以后成就什么事业呢?别人说的,终究只是别人嘴里的东西,它永远决定不了你的成败。

　　人的一生很长,遇到的选择也会很多。如果你没有天眼,也不知道哪件事情是正确的,也即意味着你必须尝试之后,才会知道哪件事情才是最适合自己的。

生活需要仪式感

前些天我去餐馆吃饭，等吃到一半儿的时候，耳边忽然传来了一阵浪漫的钢琴曲。钢琴演奏完毕后，演奏小提琴的乐队走到一对中年夫妇的面前，演奏了一首 Atimeforus。

那桌的中年女人一脸陶醉的模样，深情地看着坐在她对面的丈夫，而她丈夫也正一脸宠溺地望着自己的妻子。

那一瞬间，他们之间全然没有了柴米油盐的琐碎，有的只是风花雪月的浪漫。

后来我才了解到，那是他们结婚十周年的纪念日。丈夫想给自己的妻子一个惊喜，为此特地制造了这场浪漫。其实，日常生活中的丈夫，是一个很木讷与不会表达的人。

从结婚十周年的这场浪漫中，我们能够看出他们的感情并没有因为时间的流逝而变淡，也没有因为时间而变得平淡和麻木。

妻子说，丈夫虽然表面上看去木木的，但对于感情方面的事，他做得还是很到位的。尤其是每逢节假日，他都会准备一个小小的惊喜给自己。而自己呢？也会做一桌可口的饭菜，穿上优雅的服饰与丈夫在看似平常的夜晚，手端红酒杯相互祝福。

婚姻需要仪式感，也正是这点仪式感，让他们的婚姻没有陷

第 1 章
生活应该像首诗

入"麻木期",一直保持着新鲜的状态。

在生活中又何止婚姻需要仪式感呢?就连学习也是需要仪式感的。

前不久看到一则有趣的新闻报道,说一个女生暑假留校考研期间,一天要化两次妆。

考研学习繁忙无比,她每天学习至少 10 个小时以上。但就是在这种无比忙碌的情况下,她却愿意挤出一点儿时间给自己化化妆、补补妆。

她早上化次妆,中午补次妆,她不能容忍自己邋里邋遢的进行学习。化一个精致的妆容,会让她有更好的心情进行学习,也会让其在心里默默暗示自己这是新的开始。

看到这则报道后,我特别能够感同身受,因为我以前也这么做过。虽然这样做有点儿麻烦,但却非常开心,即使是为了这份开心,也是值得的,所以说生活处处需要仪式感。

我有个朋友叫凌雪,职业是自由撰稿人,她大部分时间都是在家里办公。

有一次去她家做客,发现她的书房和办公桌收拾得一尘不染,里里外外无不透露着干净整洁。

她说无论自己工作到多晚,都不允许自己"披头散发"的。给自己化个精致的妆容是她对生活的认真态度。每天把自己收拾得体体面面的,再坐到办公桌面前,既是对自己和工作的尊敬,也是对生活的尊敬。

之前有一则火爆朋友圈的短视频,说的是一位 60 多岁的阿

生活要有仪式感

姨去肯德基点了一份快餐，一个人坐在靠窗的位置吃得不急不慢，姿势极其优雅。

不少人纷纷留言说希望自己到这个岁数的时候，也能保持这份从容和优雅的姿态。

在那位阿姨的身上，我能看出她对生活的热爱和尊重，即便是只有她一个人，她也能把生活过出韵味来。

生活的仪式感不在于你是否有钱，而在于你对它是否用心。

在这里再讲个我朋友的故事。

我朋友叫李锐，26岁恋爱，28岁结婚。他既不是富二代，也不是官二代，而是在一家私企上班的普通职员，工资比上不足、比下有余。总之，在二线城市生活是绰绰有余了。

虽然没赚多少钱，但他对自己的生活却非常用心，对他的爱人更是爱护有加。

节假日他绝不仅限于在恋爱的时候才会过，结婚之后他依然保持结婚前该有的节奏，送花、送小礼物是常有的事。

礼物虽然不是很贵重，但却相当用心。比如他会自己亲手制作一个相册笔记本，把他们一起出去旅行的照片都洗出来，贴在笔记本上，再写上一段话语，记录他们曾经的点点滴滴。

这些看似只有女生才会做的事情，他却做得很到位。有时他还会在妻子生日前夕给她一个惊喜，比如来一场说走就走的旅行。

旅行期间的吃住行或许不是最好的，但他却安排得恰到好处，温馨且舒适，让妻子的幸福感满满的。

第1章
生活应该像首诗

他是个很细心的男人,这种细心在细小的生活中随处可见。当然,在他这里,细心便等同于对仪式感的尊重。

王小波曾说过一句话:"一个人只拥有此生此世是不够的,他还应该拥有诗意的世界。"这里的诗意,指的便是仪式感。

记得《小王子》里有一个片段,也是对仪式感的描写。小王子准备驯养一只狐狸,他在做好驯养决定的第二天去看望它。

狐狸见到小王子后,对他说:"你最好每天在同一个时间到来,比如说你每天下午4点钟来的话,从下午3点钟开始,我就会开始觉得幸福。下午3点以后的时间,越是临近见面的时间,我的幸福感就会越强。总之,我们的生活需要某种仪式。"

狐狸讲的是什么呢?讲的就是生活的仪式感。它能让你在每个平淡无奇的日子里有所期待,也正是因为这些期待,让你的日子瞬间变得美好起来。

生活中很多人都因为忙,因为各种各样的琐碎之事而忽略了这些美好的瞬间。他们什么都可以敷衍和将就,甚至连自己的生日这样重要的日子也可以忽略不计。

每天两点一线的上班下班,遇见同样的事、同样的人,生活中没有任何乐趣,也没有任何仪式感,活得比枯草还要枯燥。

我有个叫美琦的同事,今年25岁。她每天出现在众人面前时,都非常的精致。但这份精致的背后,是她每天需要花费两个小时的时间来进行打理。也许对很多人来说,这两个小时的时间很奢侈,但对她来说,这两个小时却能让她维持一整天的好心情,既然如此,她没有理由不这样去做。

SHENGHUO
YAOYOUYISHIGAN
生活要有仪式感

　　不要总是嫌麻烦，如果觉得这也麻烦，那也麻烦，你的生活也就没什么快乐可言了。有些人的生活像一潭死水，有些人的日子每天都过得像一首快乐的诗，他们之所以出现这么大的差别，就是因为嫌麻烦和不嫌麻烦的区别。

　　生活是每天都要过的，不要把生活硬生生地活成生存那样的紧迫感。

第1章
生活应该像首诗

你的人生，可以活得更精彩

记得某部电影里有这么一个片段：

男生考大学没考上，也不愿意外出工作，于是每天都赋闲在家，行为举止像"小混混儿"般没个正形。

别人问他打算怎么办时，他总说自己还年轻，想那么多干吗，太费脑筋了。

他就这么懒懒散散地过了一年，长了一岁。别人再问他打算怎么办时，他给出了自认为满意的答案。他说瞅着镜子里的自己也还算有几分姿色，不如找个富婆养着他得了，这也算是一个长远的计谋。

他虽然是半认真半开玩笑式地说出来的，但也惹来了众人鄙视的目光，因为他还年轻，有的是时间，完全可以靠自己去过上自己想要的生活。

在这个世界上，只有自己才能为自己谋一份生路，其余任何人都不会对你的人生负责，即便是你的父母，也总会有放手的那一天，因此不要指望别人可以帮得上你。

我的小表弟目前正在读高二，成绩一般，行为懒散，他爸妈为此不知怒骂了他多少次，但他却总是一副无所谓的态度。实在被他爸妈逼得烦闷的时候，他就会甩上一句："那么多人都跟我一样呢，干吗非要逼着我一个人学习？"

所以他打游戏、看小说，丝毫没有高考前的紧迫感。爸妈的苦口婆心，在他眼里全是毫无营养的废话。

小表弟的这种行为，让我想到了当年高考前的自己。年少时不谙世事，老是对自己说"现在浑浑噩噩没有关系"，并以高傲的姿态说自己不会后悔，但时隔多年之后，内心却悔得连肠子都青了，只是碍于面子，不好告诉别人，怕自己不值钱的自尊心再次受到伤害。

爸妈终究只能起劝导作用，他们能规划你的人生吗？不能。他们自然也没有义务为你当初的愚蠢行为负责，能对你负责的，终究只有你自己。

不久前认识了一个女生，她的名字叫千惠。

千惠的性格斯文而幽默，是一个很好学的女孩，当年在学校时没少获奖，每年都被评为三好学生。

她师范毕业，写得一手好文章，她家人希望她能当一名光荣的人民教师，不但稳定，而且还离家近，方便照顾家里。

但千惠却志不在此，她对老师这个职业不怎么感兴趣，也不喜欢那种一成不变的工作，她一心想向外飞，说白了就是不愿意一辈子都待在那座小县城里，她想去看看外面更高更远的世界。

于是她跟她的爸妈说自己不想从事老师这份工作，她爸妈听完后，脸色顿时就阴沉了下来，因为在他们的眼里，千惠从小就是一个乖乖女，尤其是在这么大的决策面前，她更应该听从爸妈的决定才是。

第1章
生活应该像首诗

但此刻的千惠却完全成了一个"叛逆"的小孩，全然听不进爸妈的劝告，她想去大城市里的大公司施展自己的才华，她也坚信自己的才华绝不会局限在一座小小的县城之内。

临离家时，她给父母留了一封长长的信，便踏上了那北上的火车，没有遗憾，也没有后悔，有的只有渴望和期盼。

她的首选城市是北京，因为她觉得那里的文化气息浓厚，是个施展抱负的好地方。而且那里的图书馆对于书籍的分类也要比别的地方更细致，文化公司也相对比较多。

她投了许多份自己的简历，因为简历做得漂亮，所以被多家公司争相抢要。这是个自媒体兴起的时代，她选择的自然也是这个行业，靠一个灵活的头脑和一双巧手，就能把名誉和钱财一并挣回来，何乐而不为呢？最主要的是她想从事这样的工作。

今年是她留在北京的第七个年头，从23岁到30岁，她失去了一些东西，自然也获得了更多。

回想当初的决定，她说自己不曾后悔，而且现在她的父母早就原谅了她当初的不辞而别。

她知道自己的人生终究还是自己说了算，别人说得再多，也没办法替自己做主，更无法为自己的行为与后果负责，他们只能给予自己建设性的意见。

每个人都是独立的个体，拥有着独立的灵魂。相对地，不要妄想有人能和你一起背负麻烦，因为你的功名成就属于你一个人，你的健康财富属于你一个人，你的烦恼忧心属于你一个人，你的选择自然也属于你一个人。所以遇到任何麻烦的事情，遇到任何决策性的事情，你都不要指望着别人会在第一时间出现来帮

生活要有仪式感

助你,他们没有这个义务。

不少人喜欢盲目跟风,别人做哪个行业不错,他也跟着做哪个行业;别人北上广到处求生活,他也一个劲儿地往北上广的人群里扎。先去了再说,甚至都不知道自己到底能做什么。这是一种对自己人生不负责任的表现,因为做任何事都应该是有规划的、严谨的,人生不是儿戏,不能像小时候那样玩过家家。

我有个室友,她刚刚大学毕业,在继续考研和进入社会参加工作的选择中摇摆不定。

本来她是想考研的,但是她的家里人说不如参加工作算了,参加工作还能积累几年的工作经验,考研不见得就比别人占优势,毕竟现在的竞争压力太大了。

可是她犹犹豫豫,始终都不能拿定主意,20多岁的人了,还是不能为自己的后半生做完整的打算,还是要把自己的命运交给别人去掌握。

多动脑筋去思考,没事多看时事新闻与书籍,头脑里的东西多了,思考得多了,自然就会清楚自己应该如何打算,怎样做才是对自己最有利的。

很多人习惯性地喜欢依赖别人,小事也就罢了,可是如果生活中的很多大事也要依赖别人,时间久了,就会产生长久的依赖性,自己的独立人格、思想也会在无形中慢慢流失。

不依附别人,凡事都自己拿主意,撑起自己的半边天,你的人生才可以更加精彩。

SHENGHUO
YAOYOU
YISHIGAN

第 2 章
不让心情不美丽

人生在世,谁没有烦恼的事情呢?对于烦恼的事,我们要学会正确处理,因为人不能一直活在苦闷的世界里,而要学会自己给自己找些乐子。

别让烦恼毁了你

　　怎样才能一直保持快乐的心情呢？这是一个很难回答的问题。因为每个人都容易因为一些琐碎的事而闷闷不乐，有的会憋在自己心里生闷气，也有的会发泄出来连同自己的朋友也跟着他一起生气。

　　曾认识一个人，她就是典型的"气包子"性情，即使是一丁点儿小事，也能让她炸开锅，然后接下来的一整天，她都会在生气中度过。

　　更有甚的是，她会把这种负面情绪带给她的家人和同事，时间长了，她连自己都开始讨厌自己了。

　　一开始我会宽解她，但发现她无可救药之后，我也开始慢慢地远离她，因为怕被她的这种负面情绪传染，让自己也身心不愉快。

　　就好比说，她在微博的某个话题里与人发表不同意见时，如果分歧太大，相互之间就会发生对骂的情况，她们之间会发很长的文字，用文字开仗。如果最后输了，她会生气很久；如果跟别人说这件事没人能理解她，她就会被气哭。

　　她经常会做出这样的事情。

第2章
不让心情不美丽

别人劝了她很多次,不要生那些无谓的闲气,因为不值当,但她每次都好不过三分钟。不仅如此,在工作上的一些小事,比如谁把她的垃圾篓不小心给撞翻了,她都要生上好一会儿的气。

久而久之,她的身边没有了朋友,别人也都对她渐渐远离。而她的终极烦恼,就是没有一个可以和她交心的朋友。

能控制住自己的情绪,是人生很重要的一堂课。虽然脾气是天生的,但心境却是可以改变的。

我有一个朋友,她的内心就非常强大。她生气从来不会超过三分钟,即使遇到天大的事情,也会自我宽慰,不会长时间让自己生气。

我问她是怎么做到的,她说或许是因为自己的治愈能力比较强吧。隔了几秒钟后,她又哈哈大笑,说其实生气并不能解决任何事情,因此还不如让它过去。每次都这么暗示自己,长时间下来,就会养成一种不长时间生气的习惯。

烦恼这个东西,如果你去跟它较劲的话,它会没完没了地缠着你;如果你放开它,它也会放开你。

我昨天在院子里写作的时候,看见对面有一个8岁的小女孩在翻跟斗,本来不是很舒畅的心情瞬间舒畅了起来。

到了傍晚的时候,我主动登门去拜访了那个有趣的小女孩,并把她下午翻跟斗的事情跟她说了说。

小女孩礼貌地说了声"谢谢",随后又把她翻跟斗的缘由说了一遍。原来她不小心把奶油撒到了桌子上,还没等她及时清理,就被她4岁的弟弟弄得沙发和墙壁上哪儿都是。

生活要有仪式感

这一幕刚好被回家的妈妈看到了,她妈妈二话不说就训斥了她一顿。小女孩委屈极了,但又不好跟妈妈顶嘴,所以就出现了我看到的那一幕。她连翻了五个跟斗,以此来发泄自己的委屈。

她说发泄完之后,她走进屋子里跟妈妈道了歉。因为她进屋时,发现自己已经完全不生气了。

一个8岁的小女孩都知道如何来发泄自己不快的情绪,而作为成年人的你为何却做不到呢?如果真的不快,那就找一件事情来分散自己的注意力。这样一来,心中的那种不快会很快就消散掉,而不会影响到他人。

一个人如何去处理烦恼问题,也意味着他如何去处理自己的脾气问题。你把烦恼看淡,能看出你心胸的宽阔。相反,如果你一直紧紧抓住不放,它会使你的脾气越来越暴躁。

我大学时有个室友,她经常会没缘由地对着我们生气,好像我们哪里惹了她一样。宿舍里的几个人都觉得莫名其妙,实在是想不通有什么事惹了她。后来听她的闺蜜讲了她的事情才知道,原来就算是把她的杯子移个方位,说话大声了点儿,或是没按照她的意愿来做事这样的小事,她都会生气一通,然后摆脸色给大家看,活脱脱的一个生气包。

和她同寝室的两年里,宿舍里没有一个人跟她走得近的,因为她的坏情绪让大家都很讨厌,更怕自己不小心在什么事情上得罪了她。

后来她把生闷气转到明面上,经常会无缘无故地发出嘶吼声,而且她发出来的声音又尖又响又难听,以至于不只是宿舍,

第 2 章
不让心情不美丽

连整个班级都知道她是一朵"奇葩"了。

室友没把自己的坏情绪处理好,而是把自己的负能量发泄到了别人的身上,她自然得不到别人的友谊。

心越宽,烦恼就会越少,人也会跟着一起快乐起来。

有两位老人给我的印象非常深刻,她们同样都住在我所在的小区里。她们两个的年龄也差不多,都在72岁左右,但心态和样貌却大不相同。

一个看上去和善活泼显年轻,另一个却死气沉沉显老态。前者待人处世都很和善,从不跟人怄气,每天脸上都挂满了快乐的笑容。小区里的人都非常愿意接近她,有什么好吃的也都会给她送上一份。

另外一个呢?完全相反。她每天不是批判这个,就是批判那个,对世界有一种消极不满的情绪,对自己的子女也有说不完的抱怨,她总是跟人诉说自己过得很苦,这一辈子就没有快乐过。

别人一开始还会听上几句,但她翻来覆去总是这一套说辞,就没人愿意听了,而且一看到她就躲得远远的。

两个年龄相差不大的老人,却因为不同的心态而过着大不相同的日子。

人都会有烦恼,只是大小不同而已;人都会有不痛快,只是时间长短不同而已。

人生在世,谁没有烦恼的事情呢?对于烦恼的事,我们要学会正确处理,因为人不能一直活在苦闷的世界里,而是要学会自己给自己找些乐子。

生活要有仪式感

罗伯·怀特曾经说过这样一段话:"任何时候,一个人都不应该做自己情绪的奴隶,不应该使一切行动都受制于自己的情绪,而应该反过来控制情绪。无论境况多么糟糕,你都应该努力去支配你的环境,把自己从黑暗中拯救出来。"

所以,你要试着控制自己的情绪,别让坏情绪毁了自己。

心情烦闷时，找点儿事情做

我发现了一个很奇怪的现象，每次当我特别生气或者烦躁的时候，拿起书本一头扎进去之后，烦恼会很快忘光。当下的坏心情，会全部被书里的主人公带走，一下子就烟消云散了。

等进入书中的世界后，总是会被里面的情节吸引，时刻担心着下一秒会发生什么，根本顾不上自己的坏心情。等隔了那么一小段时间后，前一秒发生的事情会全部忘光。

有一次因为一件事情，我跟我的好朋友发生了一点儿矛盾，两个人谁也不服谁，谁也不肯原谅对方，都很生气，肚子里随时都会因为生气而炸裂。

实在无法排解时，我捧起了手边的书——太宰治的《人间失格》，想看看作者到底写了些什么。

等我看了几页之后，便跟着书里的主人公欢笑、悲哀和惆怅，发现原来世界上居然还有人这样活着。我也会去思考主人公的一生，也会悲悯他的一生，从而从这件事情联想到自己，让自己学会忘记发生了什么。

等到我的心情平复之后，也不管是谁犯错在先，我首先跑过去跟好友道歉。道完歉之后，好友说自己也有错，要说对不起的应该是她，于是我们两个人重归于好。

有人说真正生气的时候，是没办法沉浸在书本之中的。当然，这因人而论，你可以随便做点儿什么，什么都好。

如果不找点儿事情来做，糟糕的心情便无法得到排解，最终受到伤害的只能是自己。

我有个朋友，当他烦躁时，他就会弹吉他。那时的他弹吉他其实是为了宣泄自己的坏情绪，而不是要弹得多好听。

他每次都会抱着吉他去很远很偏僻的地方，然后一个人弹一个下午。弹完时，心情舒畅了，也就不再为之前的事情烦恼了。

心情最抑郁的一次，是他爸妈闹离婚。当他发现怎么都排解不了自己的压抑情绪的时候，就开始伤心，伤心完之后就是失落，接着就是暴躁。

这时，他的视线里第一次出现了那把平常陪伴自己的吉他。

他抱着吉他疯狂地弹奏，一曲下来，烦恼少了一点儿；两首下来，烦恼又少了一点儿；几曲下来，烦恼烟消云散。

难过的时候，找点儿事情来做，会让自己的心不那么空荡，也不让自己有难过的空闲。

我有一个学弟，他信心满满地去考研。他大学时的学校很好，考研时同样报考了一所很好的大学和热门的专业。

他足足准备了一年的时间，那一年里他很少出去玩儿，每天都早早地到教室里复习功课，但即便是这样，他还是落榜了。

他也不知道是自己努力不够，还是运气不好，总之糟糕的事情已经发生了，是他没有预料到的。

第 2 章
不让心情不美丽

而且他只给了自己一次考研的机会,如果这次没考上,他也不打算再去考第二次了,因为他有自己的人生规划。

落榜的时候,他在家人面前表现出无所谓的态度。实际上他心痛得在滴血,越是隐忍他就越痛,因为他找不到一个可以发泄的出口。这些痛在他的身体里积攒着,并时不时地发作一下。

等痛到一定程度时,他一个人跑去酒吧买醉了两天两夜,回家后睡了一天一夜。

后来他又沿着家附近的公园跑了 30 圈。发现跑步能稍微排解他的郁闷之后,他又开启了第二轮、第三轮的跑步。

他一边跑一边喊,就那么戴着耳机跑了整整十天。十天后,他的脸上开始有了点儿笑容,晚上没事时会看两部电影,看累了就躺在床上睡觉。

于是,他渐渐地忘了考研失败这件事。开始打起精神制作简历找工作,在工作面前,他才算把考研失败这件事彻底抛开。

有些人烦躁的时候会吃很多东西,有些人则会约上三五个好友去 KTV 吼上一嗓子,还有些人则会去很远的地方看看世界。

郁闷时最怕的就是什么事都不去做,任凭自己的坏情绪在骨子里蔓延,不去拯救它,最后让它在自己的身上一点点儿地溃烂,把自己伤得体无完肤。

比如我同事的妈妈,她就是一个沉默寡言的女人。

她受过很多苦,好不容易才把同事供到大学毕业。她的丈夫亏欠她很多,在经济与感情上都是如此。

她受了委屈从来不跟别人说,别人也都以为她没事,认为她内心坚强。其实不然，她只是把气都吞到了自己的肚子里，一个人默默地承受着。

她不开心的时候也没有人知道，因为大家都以为她没事。最近她去医院做体检，体检报告出来后，发现她一身的病，医生说很多都是她抑郁的心情造成的。因为她一直都没有找到正确发泄坏情绪的出口。

每个人都会遇到很多不愉快的事情，都是需要发泄的，如果你找不到发泄的出口，一直憋在自己心里，早晚会生病。

同事的妈妈就是因为没有找到这个发泄口，所以才会生病。她身体的病魔可以告诉她，她不发泄坏情绪不是因为她大度、看开了，而是她偷偷地把这些坏情绪都藏了起来。

不要以为在烦闷的时候做一些事情是小事，那些不懂得怎么去消除自己负面情绪的人，会使坏情绪一点点儿地积压在自己的身体里，最后会对自己的身体造成难以想象的后果。

为了你自己的身体健康，你有必要把那些负面的东西一点一点地疏通出去，不管你使用什么方法，只要你能把它们都赶出去就好。

第 2 章
不让心情不美丽

一成不变的生活枯燥无味

早上 7 点的闹钟被你在半睡半醒中关掉，然后慢悠悠地起床，然后洗漱。吃完早饭后，你在马桶上蹲了 10 分钟，之后便是洗手穿鞋出门。

坐 701 路公交汽车到"大石子"站下车，再倒三站地到达公司。打卡，跟公司同事打招呼，在工位上坐定，然后开启一天的工作。

工作都是重复着每天的内容，没有什么实质性的变化，做完之后便等着下班。下班时间一到，你用最快的速度冲到楼下的公交站台，坐下班最早的一趟班车赶回家中。

每天的日子几乎一模一样，没有任何其他变化，如果有变化的话，那便是早上起晚了没有赶上公交车，而改乘了出租车。

下班后回到家中，鞋子一脱，往床上一躺，刷刷微博，玩玩"吃鸡"游戏，爽得不亦乐乎。白天的时间属于工作，晚上的时间属于自己：不跟朋友吹个牛，对不住自己的那张嘴；不玩玩"吃鸡"游戏，对不住自己的那双手。

如此循环，周而复始。没有什么太大的梦想，而是满足于现状，每个月能存些零用钱就已经知足了。

生活要有仪式感

这是不少年轻人目前的生活现状，他们过着一眼就能看到未来的生活，不痛苦亦不惊喜，就这样不疼不痒地活着。

原本是想要追求更好的自己的，可总是找一些借口来拖延。

我认识的田螺就是这样一个人。

他每天都叫嚣着生活无聊、麻木，想要换工作，可这一切都只是他的口号，喊得起劲儿，但到实行的时候却打了退堂鼓。

他每天都会在群里吐槽公司的各种不是，说自己在公司待着也没有多大的前途。可是他一边发着牢骚，一边又继续坐在自己的工位上蹉跎岁月。

他能力弱，抱怨多，不知道怎样做才是最正确的，准确来说，他还是没有做好准备去改变些什么。

田螺在那家公司整整待了四年，没有职位上的提升，也没有薪资上的变化，有的只是越来越多的抱怨。

如果你不喜欢，就要学会做出改变，因为说得再多，而不去做出改变的话，到最后只会变成连自己都不想听的废话。如果连你自己都嫌弃的话，谁又会认真地听你说呢？

去做出改变吧，不要畏首畏尾。因为你还年轻，值得拥有更好、更有挑战性的生活。

我认识一个叫罗素的朋友。他在毕业之后留在了他所在的城市，在一家大型企业里当一名小小的校验员，每个月拿着近4000元的工资，刚刚解决温饱问题。

初中时的他学习成绩很好，而且经常在年级前十名之列，但初三之后他开始堕落，学习成绩更是一落千丈。那时的他每天不

第 2 章
不让心情不美丽

是泡网吧,就是与不爱学习的同学在一起疯狂玩闹。

中考本来可以考得很好,但因为他无底线地挥霍时光,凭着以前的学习底子只勉强考了个普通高中。

未来该怎么办呢?他准备就这么读下去,以后再考个二三本的大学,混个文凭为止。

他爸爸站出来否决了他的这个想法,说普通的二三本大学毕业,工作会很难找,还不如就此读个职高,学门技术。他爸说得坚决,他也没有反对。

毕业了之后,他每个月拿着近4000元的工资,靠着父母的一部分资助和自己的贷款买了一辆代步车。

日子就这样平平淡淡地过了一天又一天。他虽然知道就这么平淡着、平庸着不好,但又没有勇气去改变,因为他已经被自己的固定思维给牢牢套住了。

很悲哀的是,不只是他,很多人都是如此。毛平也跟罗素差不多,但毛平在"蔫"了两年之后,做出了改变的决定。

他一心想着自己该做点儿什么,但一时又踏不出那个舒适的圈子。就这样晃荡了两年之后,眼看着自己的青春快要被自己给磨没了,他终于鼓足勇气,决定勇敢地跳出舒适圈。

他先是自己创业,开了一家小公司,因为人手少,所以只能他一个人忙里忙外,身兼数职。虽然很累,但在他的身上却没有了往日的那股戾气,满身都散发着用不完的劲儿。这大概就是找到拼搏意义后的区别,只有找到了,人才能乐此不疲地去奔波。

大到人生规划与工作,小到换手机壁纸;大到思想,小到动

SHENGHUO
YAOYOUYISHIGAN
生活要有仪式感

  手，如果什么都不去改变，那么你的生活将会是一潭死水，毫无激情可言。

  早前有新闻报道说，待在广州三和"圣地"的那批人，就是典型的把自己的一生都耗在一个泥潭里的人。他们每天吃着不超过 10 元钱的饭，住着随时都会发出咯吱响声的上下铺，在破旧的公厕里冲洗着身上的污垢。

  如果身上的钱花光了，他们就会去 QQ 群里乞讨一顿饭钱；没钱就睡硬板床，或是在街边打地铺；等实在熬不下去时，他们就靠卖身份证或是网络借贷过日子。

  虽然穷，但谁都不想去改变些什么。他们身上的力气，都随着时间的流逝而消失了。他们每天除了饿了吃、吃了睡外，再无其他追求。

  或许他们也曾有过梦想，但却被现实一一打败了。败了之后，他们没有力气再爬起来，于是开始堕落。

  他们穷得不能再穷了，还染上了一身恶疾，但即便是这样，他们还是不愿意离开，不愿意做出改变，只想耗死在这个地方，所谓的"一城终老"这个词，在他们的身上体现得淋漓尽致。

  你现在已经习惯的生活方式，就是你日后的未来。你现在是怎样的，你以后就是怎样的。

  其实，现实生活中也有不少的"三和大神"，只是他们在不一样的地方"三和"罢了。例如，每天喊着努力，但身体却很诚实地做着一切懒散的事情；每天想要做出改变，却又依旧一如既往地生活，没有做出任何改变。

第 2 章
不让心情不美丽

我住的小区外的北角桥下住着一个流浪汉，每次经过时都会看到那个流浪汉保持着同样的睡姿，脸靠着墙，背对着路人侧身躺着。每天到中午时他都会对着空气唱上两嗓子，唱完之后就等着别人来施舍。

他四肢健全，样貌年轻，全身上下除了灵魂外，没有任何残缺的地方。但他宁愿在一个潮湿的地方向众人乞讨，却不愿意用劳动来改变自己的现状。

有人曾经问过，面对一成不变的生活应该怎么办？我给出的答案是，唯有勇敢一些，给自己一点儿坚持下去的信念与理由，然后改变它，因为人总不能一直这样麻木地生活下去。

一成不变地活下去不只是枯燥，更会使你的思想渐渐堕入无边的深渊，最终将一事无成。

摆脱抑郁魔咒

看了一个很长的故事，是关于抑郁的。

故事里的男生因为某些事情抑郁成疾，有自暴自弃的倾向。怎么个自暴自弃呢？他差不多三年没有工作，什么事情也都不愿意去做，还大门不出、二门不迈，宅在家里混吃等死。

他每天做的事情就是待在家里玩游戏，玩累了抽根烟继续玩或是睡觉。睡醒了继续玩游戏，无限循环这种颓废的生活。

他每天要抽掉三包烟，作息时间没有一点儿规律可言，从一开始的每天晚上 12 点睡觉，到凌晨 2 点，再到凌晨 4 点，只要不犯困，他就绝不会上床睡觉。

游戏占据了他的所有，除了吃饭和上厕所外，他绝不会走出房间的那扇门。

或许你会问，三年不工作，他拿什么生活呢？

答案是花以前的积蓄，啃老本。但是他的积蓄只维持了一年就花完了。没钱后该怎么办呢？自然是伸手向他爸妈要。

每次 100 元或 200 元地要，要的钱无非就是买烟，每个月固定 600 元钱的花销。他父母给他做饭，他躺着玩游戏，这样伸手要钱的日子持续了三年。其间，他的父母没敢多言，怕他会想不

第 2 章
不让心情不美丽

开;他的朋友偶尔会来看他,也怕他想不开。

一个抑郁的人最先想到的不是自我拯救,而是自我"毁灭"。他也一样,他不想去想那些游戏之外的事情,因为那些事情让他感到麻烦。

哪怕当着人们眼中的"巨婴",靠着父母的养活过日子,被别人口舌非议都没有关系,起码在他看来是没有关系的。

但后来发生了一件事,让他彻底地改变了过来,他开始自我重塑,重新成为了鲜活的"人"。

那年,玉树发生地震,他看到网络上在招募志愿者的信息,忽然就想到自己也许能去当义工,做点儿力所能及的事情。

于是,他把这个想法告诉给自己的父母,但却遭到父母的强烈反对。他父母说他连自己都照顾不好,更别说去照顾别人了。

但在他的强烈要求之下,他的父母只能勉强同意,并赞助了他 1500 元钱,放手让他去了。临行前,父母只对他说了一句话:好好照顾自己,有事情一定要给我们打电话。

他去那里待了两个月,其间,他学会了很多事情,也做了很多事情。在那一刻,他忽然发现在真正的灾难面前,他是幸福的;在受难者面前,他是有用的。他觉得自己活着是一件有意义的事,也许他应该换一种方式更好地活着。

回到家之后,他像变了一个人。他去报了一个培训班,学习心理学方面的相关知识。通过辛勤的努力,他拿到了心理咨询师的证书。

后来他积极投递简历,找到了一份还算不错的工作,开始了

生活要有仪式感

正常人的生活。

他发现好好活下去，也并不是那么难。找一些有意义的事情去做，并积极地参与其中，找到自己的责任心和使命感，就会发现活着是件很快乐的事情。

为什么会抑郁呢？大概是因为想得太多，而做得太少。总是把一切都想得过于恐怖，总觉得有些"未知"的东西会伤害到自己。不要总是自己吓自己，只要你用心对待，用心灌溉，相信世间的东西大部分都是温柔的，并没有你想象的那么复杂。

幸福其实很简单，如果自己去找些事情来做，做些有意义的事情，你就会发现世界上有很多快乐和温暖，你也会发现活着其实没有那么难，你只是欠自己一个好好活下去的机会。

关于抑郁的故事，让我不禁想到了身边的一个好友。

好友今年27岁。十来岁的时候，她跟随自己的父母移民去了德国。因为小时候发生过一些事情，导致她比较自闭，不太愿意跟人交流。

尤其是到国外那么远的地方，她要重新适应一切，包括陌生的语言，一切都需要她从头开始学习。

因为语言不通，再加上沉默寡言的性格，使得学校里的孩子都喜欢捉弄她、欺负她。

她即使受了欺负，回到家里也不爱跟爸妈说，而是自己关起房门默默哭泣。她觉得没有人能救赎她，她自己也拒绝救赎，只觉得一切都令她厌恶。

不到14岁的她，手臂上的几道伤疤却清晰可见。那几道伤

第 2 章
不让心情不美丽

疤,是一个十来岁的女生对生活发出的不满和反抗。

后来,她学习了德语,能说一些简单的语句之后,处境稍微好了点儿,没有一开始那么难过了。可她还是不太爱说话。

好在她自尊心强,不愿意在班级上太丢脸,所以她努力学习,努力地想要融入班级里去。

她的苦,都被她默默地忍了下来,她从不跟任何人提起,一直到现在,她小时候自残的事情都没跟她爸妈提及过。

现在的她悲观厌世的情绪偶尔还是会蹦出来,尤其是在看到新闻上的一些不公平报道时,她仍然会愤怒、会暴躁。

她跟我说,她的脑袋里住了两个人,一个告诉她可以做,一个却告诉她不能做,这两个人经常在她脑海里打架,让她很是疲惫。

后来怎么好起来的呢?她说某一天忽然想通了,有些东西你越想越烦,索性就不去想了。再说了,自己读了那么长时间的书,要是还为难自己,那些苦就白吃了。如今的社会,读到硕士多累啊,要是死了,还得重新再读一遍,这很吃亏。

她自我催眠和自我安慰,渐渐也有了些效果。那些让自己不开心的新闻,她彻底不看了,眼不见心不烦,何苦要为难自己?

这长长的一生,遇到的磨难会有很多。如果每个人都很脆弱,不勇敢地从磨难中走出来,那岂不是都要"自取灭亡"?

还是好好活着吧,毕竟活到这么大不容易,最难的都走过去了,剩下的或许比之前要容易得多,总要抱着这种乐观的思想,想必抑郁的心情会缓解不少。

我愿意做个美梦

你做过什么白日梦吗？比如说忽然中了一张1000万元的彩票，从此过上巅峰生活，不用再朝九晚五地上班，每天都拖着疲惫的身躯挤地铁；想吃什么随意，想住哪里随意，想去哪里看世界也随意。总之，你可以为所欲为，买套房，买辆车，有些余款，生活美滋滋的。

又或者说，在脑袋里幻想着自己某天当上企业高管，指挥千军万马，拿着数到手软的工资，住着环境舒适的房子，开着酷炫的车子，想要什么就有什么的日子……

也许或多或少你都有过，毕竟这些不用费吹灰之力就能得来。虽然来得不那么真实，不那么实际，但是想一想还是可以的。不然这劳累的生活，过得多么艰辛啊！

美梦可以做，但这里的美梦却并非是白日梦，而是指可以实现的梦。因为梦只有变成了现实，它才会美，否则它就是虚幻的，是摸不到的，也就没有了美的意境。

我说个故事吧。

五年前，我在金台夕照乘坐十号线地铁时，遇见了一个卖放大镜的大姐。

第 2 章
不让心情不美丽

那个大姐看起来满脸疲惫,不知道多久没休息好了。因为她挨着我站着,所以我能清晰地听到她讲了一句话:"我真的好累。"

那一瞬间,我莫名地心疼起这个陌生人来。

我下地铁的时候,恰好她也跟着我一起下来了。她走在我前面,我轻轻地把她叫住了。

我问她放大镜怎么卖,她看见是我,眼睛里放了光,随即说 45 元一个。我掏了掏衣兜,却只找出 16 元零钱。

我跟她说:"这些钱都给你,放大镜我就不要了,你看行吗?"她不同意,她说她的袋子里有 10 元钱一个的小的,她可以把那个卖给我。我笑着说"好"。

她把放大镜给我,我把 16 元钱都递给了她,她坚决只收 10 元钱,剩余的 6 元死活不要。

我拗不过她,只好把那 6 元钱收了起来。走到地铁出口,我们一起走了一小段路,我也因此了解了她的一些状况。

她离异了,独自带着 7 岁的孩子生活,前夫没有给她抚养费,她的日子过得又比较艰辛,只能靠上班和兼职来养活自己和孩子。

说起这些的时候,她深深地叹了一口气,那叹息中包含着她生活的不易。

我问她为什么要这样苦苦支撑呢?她说这一切都是为了孩子。孩子的一切,孩子的未来,包括孩子做的那些梦,都是支撑她走下去的力量。

她说她的脑海中时常浮现这样的画面:自己跟孩子每天有说

SHENGHUO YAOYOUYISHIGAN
生活要有仪式感

有笑,衣食无忧地生活着;带着孩子去他想去的地方,去游乐园攀岩、坐过山车;给孩子买很多新衣服;请最好的家教,报他喜欢的培训班……

临到分别时,她叹着气说道,这些终究只是梦想而已。我跟她说,有梦就好,起码有个念想,有念想就会有动力,这种动力会让她不停地走下去。

累的时候,去想想那些美好的东西,然后给自己一个坚持下去的理由,这在苦涩的生活里,会让你有坚持下去的力量。

我表哥跟上面的大姐一样,也离异了,但他没有小孩。后来他爱上了一个带着孩子的单亲妈妈,两个人一拍即合地走到了一起。

很多人都跟表哥说带着孩子的女人不好,毕竟孩子不是自己亲生的,日后很可能会遇到麻烦。

表哥认为这些都无所谓,他觉得自己跟孩子玩儿得还不错,也坚信自己能把孩子带亲热。

他跟他女朋友的感情很好,也没有因为孩子的事情发生任何不愉快。他总是第一时间把赚到的钱都交给她。

表哥许诺会给她更好的生活。今年年初的时候,他们结婚了。身边的朋友都问表哥是怎么做到心无芥蒂的,毕竟表嫂身边还带着一个8岁的孩子。

表哥说,也没什么,就想象那孩子是自己亲生的,他疼那孩子,相信那孩子以后也肯定会好好孝敬他这个爸爸。

每天都这么想一想,在梦里规划规划,他就能视孩子如己

第 2 章
不让心情不美丽

出,也不会给自己带来任何不愉快。

梦可以做,不管是哪种类型都可以,但要记住最重要的一点,那就是通过自己的努力实现这个梦。

记得在某次培训中,认识了一个男生。那会儿这个男生正在创业初期,他开了一家店,梦想着把店面扩大,多开几家分店。

每当夜深人静时,他总会躺在床上幻想自己真的开了很多店,成了很多店的老板。爸妈夸他能干,身边的朋友都竖起大拇指夸他,女朋友也觉得和他在一起很幸福。

想到这些,他干劲十足。第二天起床后,一整天他都元气满满的。想着通过自己的努力就会实现那些自己所想的事情,他做梦都会笑出声来。

所以,偶尔做做梦有什么不好呢?做那些贴合实际的梦,做那些能通过自己双手打拼实现的梦。感到累了时把这些梦拿出来想一想,幻想一下美好的明天,给自己增添一点儿动力,挺好!

输了心情，你就输了世界

前几季的《中国诗词大会》给我留下了深刻的印象，尤其是第三季冠军外卖小哥雷海为的表现，让我难以忘怀。在最后一场的决赛中，他冷静沉着，战胜了××文学系硕士××。

一个只有中专文凭的外卖小哥，凭什么能战胜高学历的学霸呢？除了他自身丰富的诗词积累外，最重要的就是他的心态。

任何一场比赛，如果心态不稳的话，就会很难获得最后的冠军。最后一场比赛时，能明显看出××的心理状态，他太想赢了，导致结果反而往坏的方向发展。反观雷海为，他镇定自若，注意每一个细节，所以他最后赢了，赢得光明正大。

你的心态，早已决定了你的胜负。你有什么样的心态，就有什么样的结局。

记得小学时，我参加了学校运动会的接力棒比赛，因为我跑步的速度向来不错，体质也还行，所以对自己信心满满。

比赛的时候，我特别希望到我这一棒时，能和对手拉开大的距离。我一心这么想着，伴随着同学们的呐喊声，我太想赢了，加上紧张，居然没有接住同学传过来的接力棒，因此耽搁了几秒钟。就是这几秒钟的时间，让我跑得并不比其他人更快。

第 2 章
不让心情不美丽

越是到了关键时刻,心里越容易紧张,其实说到底还是没有调整好自己的心态。

早前看过一段视频,讲一个 30 多岁的男子,因为驾照考试的科目三没有通过,崩溃到号啕大哭。

他大概就是输在了心态上。

还记得前几年我考驾照时,学习的时候开开心心的,没有任何压力,但一到考试时,就会紧张得不得了,手颤抖得连方向盘都握不牢。

那次考科目二——倒库。

考试前我买了个桩位,试着练习倒库。没想到一下子就成功了,心里开心得不得了,觉得这下自己应该没问题了。很巧合的是,我考试的时候,还是我之前买桩的那个位置,心里对此又喜又慌。喜的是,之前自己训练的时候顺利通过了;慌的是,这是考试,不是训练,一不小心就会压线,就会不及格。

心里因为太过紧张,尤其是在听到喇叭里传来那声"考试开始"的时候,心里变得更加紧张了,就像心口上竖着一根弦,我都能听到它快要断裂的声音了。

我一边紧张,一边操作,结果真的没有过关,因为我压线了,而且压得还不是一丁点儿,而是整个车身都停歪了。

由于心态不稳,方寸大乱,教练平常教的那些在关键时刻都抛到爪哇国去了,一点儿都想不起来。后来仔细想了想,也只能怪自己,不能怪别人。

生活要有仪式感

科目二我一共考了三次才通过。为什么我一训练就能顺利通过，而到真正考试时就不行了呢？就是因为我心态的问题。

跟我同一期考试的一个大姐，她考到五次时，说再不通过的话，她就不想再考了，因为没有了学习的动力，考试把她的信心全都打压没了。

我宽慰她说："你看我也考了三次才通过，多给自己一点儿信心，把心态放稳，说不定你这次就能很顺利地通过呢。"

她后来考得怎么样我不知道，但我知道的是，不管做任何事情，如果心态不稳的话，就不会得到自己想要的成绩。

心态决定成功。怎么才能有好的心态呢？首先要不怕输，也不要怕丢面子，只有把这些都放下，你的身心才会感到轻松，也才会觉得输了也无所谓，抱着这样的心态去做一件事情，你成功的概率就会大很多。

我有个朋友，她报考了自考本科，由于平常工作忙，没有太多时间可以用来学习，因此她总是利用空闲时间来学习。

她有两门功课考了四次都没有过。考了这么多次都不过，别人问她是不是想要放弃。她摇摇头说："不就是多考几次吗？反正也没时间限制，我干吗不接着考呢？再说了，每次我都能多复习一遍，掌握了那么多的知识，我相信总有一天我会通过的。"

果不其然，她在第五次考试时顺利地通过了。试想，要是她放弃了，她肯定就不会有现在的喜悦了。

你要是想赢，就一定不要怕输，输是人生的常态，不输上几

第 2 章
不让心情不美丽

次，才是不正常的。

在某次饭局上，认识了一位老大哥。这位老大哥特别幽默，有贤者风范。我们聊了很多，最后聊到了心态的问题。

虽然眼前的老大哥从神态上看是一个临危不乱的人，但据他说他也有很"急"的时候。

他给我讲了一个关于他的故事。

他年轻时，曾受邀参加一场足球比赛。比赛当天，他特别激动。那时他年轻气盛，心里想着一定不能丢脸，一定要赢得这场比赛的胜利才行，要为自己赚足面子。

于是，他表现得特别卖力，无论球在什么位置，他都追着它满场跑。见球就想抢，见球就想带，总之特别想表现自己。虽然他表现得很卖力，但结局却很惨烈，他不但没赢，反而输得一塌糊涂。

他的行为引来了职业球员的不满，他被人数落得头都抬不起来，他们甚至把他直接换下了场。面对这些，他一脸疑惑，心想自己很卖力啊，凭什么要遭受这样的待遇呢？

还是他的队友给他解开了疑惑，他才知道哪里出了问题："后卫不应该去抢球，在那儿盯着就可以了。"他一紧张一激动，连最基本的常识都忘记了。其实在此之前，他已经足足踢了四年足球。他的这种做法，就好比考试时，连平常经常做的最简单的题都做错了一样。

如果心态崩溃了，那就什么事情都干不好了。很明显，他就是输在了心态上。他在饭桌上语重心长地对我说，年轻人就不该急功近利。而这些道理，都是他年纪大了之后才明白的。

不要怕输，因为没有常胜将军，只要是人，都会有输的时候。输这件事，大家都经历过，所以没人会去嘲笑你，只是你自己把它看得太重了而已。

SHENGHUO
YAOYOU
YISHIGAN

第 3 章
我乐于和世界沟通

不要走得太过于着急,也不要走得太过于刻意。你要学会让自己慢下来,让自己的心灵跟世界来一次对话。

告诉自己，我活得不错

前段时间好友发来一张照片，照片上有几个衣衫褴褛、脏乱不堪的孩子，他们蹲坐在土坯屋前的黄土地上，围在一个老人的身旁，把目光都投在老人手里捧的书本上。他们满身的泥垢，唯一没被泥垢藏住的，就只有那几双透亮的眼睛。

看完照片后，我表示很惊讶，询问好友在哪里拍摄的。他说前几年去大凉山的时候拍的。

照片清晰得一如你真的就坐在那里，只等他们收回在书里的目光，用渴望的眼神齐刷刷地望向你，你带着为他们挑好的衣物、鞋子、书本和满满的爱意，用热烈的拥抱把他们包围一样，而不是隔着一张照片，隔着千万里，在远方独自感慨万千。

有些地方你不去看看，会真的以为自己是这个世界上最苦的人，以为自己每天被生活折磨得体无完肤。但实际上，在世界的另外一个角落，有过得比你还不幸的人，他们甚至比你不幸千万倍。

朋友去了一趟印度，发了一波朋友圈。他的朋友圈里有这样一组照片：几个年轻人穿着工作服，在炎炎烈日下对着镜头笑得很灿烂。其中一张照片的配文是：一天工作15个小时，却只能

第 3 章
我乐于和世界沟通

挣 16 元；另一张照片的配文则是：最高气温 43 摄氏度，他们工作一天只能赚到 20 元。

他们的辛苦可想而知，可是又能怎么办呢？还不是只能继续往前行，因为抱怨只会让他们连那份薪水微薄的工作都丢掉。

所以他们没有怨言，他们懂得知足。凭着自己的劳动力赚钱，能吃饱饭，辛苦一点儿也是值得的。

当你只想着自己的不幸时，有人比你过得更不幸。当你坐在办公室里加班时，有人却在烈日炎炎的工地上加班；当你在家里的沙发上舒服地加班时，别人却在恶劣的环境里负重前行。

总有人比你更不幸，所以不要总是把自己的那点儿不幸时刻挂在嘴边，因为你的不幸，在别人眼里根本就不算什么。

前段时间和同部门的同事闲聊，才得知他是一个特别"不幸"的人。他的妻子在半年前患乳腺癌去世了，留下了一个 3 岁的女儿，他没有再婚，而是独自带着女儿生活。

跟他同事这么长时间，却完全不知道他经历了这么大的磨难，每天看他都在工作，与同事沟通交流也很正常。而且他虽然生活得很艰难，但却从没在任何人面前流露过他的痛苦。

原本以为他跟我们一样，累了会回到家里发发牢骚、抱怨一下，过着最平淡却有点儿小幸福的生活。可他不说，谁又知道他过得那么难呢？

他有多苦呢？虽然不能感同身受，但也知道那种痛苦是噬人骨、噬人心的。

你以为你已经够不幸了，但其实你却不知道，别人的不幸或

生活要有仪式感

许要比你大上十倍。

不可否认，你过得还算不错。虽然没有很多的钱财，但却有一份称心如意的工作，尽管偶尔需要加班；你有疼爱自己的父母，虽然他们会经常催你结婚；你的银行卡里存着一笔急用的钱，虽然不是很多……这些都是属于你的幸福。不要每天总是一副垂头丧气的样子，觉得全世界都亏欠你很多。其实世界不欠你的，你拥有的已经很多了。

我外婆老家的隔壁，住着一个40多岁的残疾人，他的身高要比常人矮很多。一开始还能一瘸一拐地行走，后来生了一场大病，连基本的走动都做不到了。

他的日常起居都由他90岁的妈妈来照顾，他的妈妈经常背着他偷偷地抹眼泪，害怕她走了之后没有人再照顾他，他往后会在生活中吃很多的苦。

他妈妈的担心成了多余，因为他走在了他妈妈的前面，他在前年夏天离世了。在他那短暂的四十来年里未曾娶妻，因此他连最基本的"一家三口"的幸福生活都没体验过。

人世皆苦，你感觉苦，可是有人却比你更苦。有的时候，你会觉得你自己活得还是不错的。

很早以前看到过这样几组照片：

1. 一个在外打工一整年的大伯，终于在春节期间踏上了回家的路途，因为他不会在网上购票，所以只能在车站买了一张站票，一路站着回了家。

2. 医院的一角，地上躺着一个医生，他没有怎么样，只是累

第3章
我乐于和世界沟通

了,躺在地上睡着了。在此之前,他已经连续做了8个小时的手术。手术成功了,他却累倒了。

3. 在8号线的地铁上,一个男生一边啃着面包,一边做着哭泣的动作,谁也不知道他发生了什么,但谁也没有去打扰他。

……

你没有第三只眼,看不到别人发生了什么事。但可以肯定的是,你可以好好把握你当下的幸福。

记得我妈妈曾给我讲过一个她听过的故事。

一个阿姨结婚后,从没有享受过她老公的温柔相待。因为她老公嗜酒如命,每次喝多了都会打她、骂她,最狠的一次,是按着她的头往墙上撞。

那个阿姨的额头上,至今还留着一道狰狞的疤痕。她辛辛苦苦工作积攒下来的钱,全都被她老公拿去赌博了。

她要求离婚,却受到她老公的恐吓。她老公放下狠话,说如果她敢走的话,他就卸下她的胳膊,不信可以试试。

可怜的阿姨每天都活在心惊胆战里,没有一丝安全感可言,更别说幸福了。

后来好不容易离了婚,阿姨净身出户,什么都没要。40岁的年纪,一切从头开始。40岁的年纪,在她看来,宛如新生,因为她告别了那个噩梦,终于能像个"人"一样,开始过正常的生活了,这已经是最大的幸福了。

写到这里,我想到了我的一个姐姐。她是个孤儿,父母在她6岁的时候就去世了,她是由她的奶奶一手带大的。每当看到别

SHENGHUO
YAOYOUYISHIGAN
生活要有仪式感

人的爸爸妈妈牵着孩子在自己面前走过时，她在心里就会偷偷地羡慕。

但内心好强的她从来不跟奶奶说这些，只是经常一个人偷偷地闷闷不乐，因为她怕自己的奶奶难过。后来，陪伴她的奶奶也去世了，她变成了孤家寡人。

在学校里她从不主动跟人来往，每天说的话也极少，因为她童年时受到过很多的创伤。后来被人领养了之后，她的欢笑才渐渐多了起来。

你总说你苦，但真正比你苦的人你却看不到。好好珍惜当下的生活吧，每天告诉自己其实自己拥有很多幸福，那你就会带着这种幸福感好好地生活下去。

第 3 章
我乐于和世界沟通

很遗憾，你的生活成了工作

乐米是我曾经的室友，也是我的好朋友。我们当初之所以能玩儿到一起，是因为一本书。刚好我们都看过那本书，于是就经常在一起讨论书里面的内容，由此也就有了更多的话题。长期相处下来，发现彼此之间有更多相同的兴趣和爱好，因此不知不觉就成了很要好的朋友。

那时我们经常在一起玩儿，一起逛街、看电影、吃下午茶，但后来却很少有时间在一起玩儿了，原因是她工作超级忙。

她有多忙呢？不是"996"，比"996"更夸张，"996"好歹上午9点工作到晚上9点，每周上六天班，还有一天时间来休息。她呢？每天早上6点起床，工作到凌晨2点，全周无休。这么赶的时间，她哪里还有时间和我一起去吃下午茶和看电影呢？那些对她来说都是奢求。

有一次凌晨1点我接到一通电话，手机显示是乐米的号码，话筒里传来的却是一名男性的声音。他说他是乐米的同事，乐米陪客户喝多了，让我去接她。他知道我是乐米的室友。

我从被窝里爬起来，拿了一件外套就出门了，赶往乐米同事指定的位置。等我到达的时候，饭局已经散场了，只剩下几个服

067

SHENGHUO
YAOYOUYISHIGAN
生活要有仪式感

务员在收拾残局,还有不省人事的乐米趴在偌大的饭桌上。

我吃力地把她弄到出租车上,她靠着车窗坐着,脑子早已醉得不清醒了,但还是用她残留的意识不断地比画着,说她还能继续喝。

我在她弱小的身上看到了孤独与无奈。很多事情都不是自己能操控的,为了生活,即便是赤着脚,踩着钉子,也要狂奔。

她的生活全部都被工作霸占了,没有任何空闲的时间。半年里,她唯一一次休假,是她妈妈过世,她回老家戴孝,料理后事。

你若问她累不累,她的回复必然是累。你若问她为什么不好好休息,去感受下生活,她会回复你"我很忙"。

当工作把生活全部占据,你的幸福指数就会急剧下降。如果你的生活中只剩下工作,就是赚再多的钱又有什么用,一点儿意思都没有。

去年我去了一趟尼泊尔,在旅途中认识了一个英国女孩。女孩跟我差不多的年纪,特别喜欢中国,每年都要来一次中国。

女孩不忙吗?也很忙,只是她不想自己的生活被工作全部占据,所以她工作的时候会认真工作,玩耍的时候会痛快玩耍。

她总共去过 15 个国家,足迹都藏在她那台不大的相机里。

跟她聊天,总有一种莫名的愉悦感。因为她懂的很多,所以说出来的话也很风趣。

她给自己做了一个年计划表,一年 10 个月工作,周末正常休息,另外两个月出去旅行。至于去哪里,每一站她都会花很长时间去做攻略。

我记得有这样一句话:"人若一生都走在智慧、自由、有趣

第3章
我乐于和世界沟通

的道路上,那么他的人生就是一首诗。"

你自己的诗要怎么写,全凭你自己来决定。有趣一点儿也好,乏味一点儿也好,全凭你自己来操控。

要工作但也要生活,如果人成了工作的机器,那人跟机器人又有多大的区别呢?只不过多了喜怒哀乐罢了。

很多人会不自觉地把工作带回家,你要搞清楚的一点是,家是家,办公室是办公室,如果搞混的话,那为什么家里还会有卧室、厨房、洗手间呢?不如把它们全部集中建在一间屋子里,这样会方便很多。

莉莉是一家公司的主管,在别人眼里是一个很干练的人。她做起事来雷厉风行,也格外卖力,是老板的得力助手。

她每年的奖金都要比其他人多出一倍,因为她比其他人更努力。也正是这些原因,一直刺激着她努力向前。

她有个4岁的儿子,但她从不插手儿子的生活,全权交给保姆来管理,她只管赚钱。

尽管她和儿子同住在一所房子里,但因为她实在太忙了,每天见到儿子的时间都很少。她每晚回去的时候,儿子都已经睡着了;她早上去上班的时候,儿子还没有起床。

儿子的快乐,她没来得及参与;家庭的欢乐,她也没来得及参与。她每天的重心,就是客户、会议与订单。

别人偶尔会跟着老公、孩子和父母出去旅游,联络联络感情。她呢,天天对着冰冷的办公室,与不会说话的纸张"联络感情"。

某次回家,孩子想要喝杯水,莉莉恰好也在,她听见之后赶

SHENGHUO
YAOYOUYISHIGAN
生活要有仪式感

紧跑去给孩子倒水，献"殷勤"。她将水倒好之后，送到孩子面前，谁知孩子根本不领情，一双小手不停地摆动，脑袋不断地摇晃，小嘴嘟着要阿姨倒水。

那一刻，莉莉才知道自己在家里的地位有多低，连自己的孩子都对自己那么陌生。

意识到这些之后，她渐渐控制自己的工作量，不把工作当成生活的全部，每天尽量抽出一点儿时间来陪家人散散步、聊聊天，周末一起出去看个电影，或参加陶艺之类的活动。

过了一段时间之后，她脸上的快乐增加了不少，以前都是一脸"乌云密布"，用她的话说就是被工作压的。当有空喘息之后，脑袋变得更加清晰了，处理事务的能力不但没有变慢，反而更快了。

当把工作和生活分开之后，你能感受到的是，快乐更多了，欢笑声更多了。

有个跟我同行业的作者，他每天写作12个小时，经常写到天昏地暗，连白天和黑夜都分不清楚。因为他把自己关在一个密闭的小屋子里，不拉开窗帘，白天也等于晚上。

他一天的时间全部被那台13吋显示屏的电脑占据，没有表情、没有动作，一脸麻木地坐在电脑桌前码字。

我想象不出他最终拿到稿费时脸上的快乐，我只知道他就像是一个年轻的小老头，没有什么太大的悲喜，有的只是每天不断重复的码字，一点儿生气都没有。

毕竟工作只是生活的一部分，而不是全部，不值得你把所有时间都投入进去，你也需要快乐，需要好好生活。

第 3 章
我乐于和世界沟通

消费，是你对生活的热情

好友给我发来一长串电子清单，其实说白了就是她购物时的电子结账单。那单子上面很清楚地列出了她购买了一些产品，有十来件，有包包、衣服，也有小型的电子产品，消费金额为 8998 元。

接着她立刻给我打来电话，说她这一天过得多么开心。我隔着电话，都能感受到她那几近炸裂的开心。

她说购物简直太爽了，花自己的钱购物更爽。我对她说的话，深表赞同。

我是知道她的，她工作的时候很卖力，赚钱赚到手软；花钱的时候也不含糊，她说人就是要懂得犒劳自己，不然活得一点儿意思都没有。

能赚能花，这是最好的生活观念吧！但有些人却不是这样的，因为他们只赚不花，舍不得往外流一分钱。

就拿我认识的一个阿姨来说吧，可以用"抠"字来形容她的生活观念。她家并不穷，相反，还比很多家庭都要富裕。儿子儿媳不少赚钱，她跟她老公也都有退休金，也没有欠款、外债那些乱七八糟的事，她每个月的余钱一点儿都不少。

但即便是这样,她还是很抠门。抠门到什么地步呢?抠门到吃饭时剩下的一点儿锅巴可以留到下一顿吃;一日三餐的主食都是在楼下买最廉价的馒头;给孙子买玩具,也是超市里打折的廉价物品。

不少人都笑她,说她辛苦了大半辈子,现在退休了,该是好好享受的年纪了,不要再对自己这么抠门了。

何尝不是这样呢?处处节省,节省的那些钱又舍不得花。要知道人生苦短,为什么不对自己好一点儿呢?

舍得消费并不是要你滥消费,而是该花钱的时候要舍得花,该对自己好的时候绝不吝啬。

我有个学妹,她在生活上很努力,在花钱上也绝不含糊。参加高考那年,她家人说如果她能考上自己心仪的大学,就让她去日本感受一下豪华游,见见世面。她欣然同意。

为了实现这个愿望,她学习起来特别勤奋,后来如愿以偿地考上了那所大学。父母也兑现了他们的承诺,给了她两万元钱,让她出门看看世界。

要是换作别人,可能拿到钱就不想去了,会把它存下来做点儿其他的事情。但学妹说去就去了,她说这是原本说好的奖赏,为什么不去呢?为什么要拿去做其他的事情呢?其他事情可以用另外的钱去做。

学习的时候好好学习,玩耍的时候快乐玩耍,是学妹的宗旨。我很欣赏她的这种生活观念,因为人生本该如此。

你舍得为自己花钱的样子,其实很酷。你花了,你就会想方

第3章
我乐于和世界沟通

设法地把它赚回来。

就比如大杜,她是一个没有太多理财观念的人,虽然她过得没心没肺,但她真的很快乐。

她很会花钱,她想买的东西,从来不会委屈自己。比如,别人可能会想着等发工资或奖金后,再去买那件自己特别想要的东西,但她却会动用自己的存折把它买回来。

不过消费掉的那笔钱,她会通过其他途径再赚回来,这也是我佩服她的原因之一。

相比大杜来说,同事小蔡就显得对自己太"苛刻"了。

他一直想换款手机,他那款手机已经用了三年半了,卡得他自己都想把手机砸了。他想换另外一款手机,但又舍不得花钱。他总说一款手机相当于自己两个多月的生活费,一想到这里,就心疼得不行。

他工资低吗?其实并不低,相反还比同龄人要高出不少。他是销售员,业绩好的话,一个月能赚两万多块;业绩一般的话,一个月也有一万出头。

但他就是对自己刻薄、小气。他每天吃饭不超过30元,早上喝粥,中午点25元的外卖,晚上还是喝粥。对外说自己减肥,所以早晚喝粥,其实仍为了省点儿饭钱。

为了省钱,他狠心地把烟都戒了。他开的那辆代步的小破车总是出故障,但他仍舍不得换,总说修修还能维持一段时间。

有一次他说心情抑郁,准备去吃个夜宵缓解下心情,问我去不去。我家离他家还是挺近的,再加上平时跟他关系也还算不错，所以就去了。

去的路上我还在想，平时连饭都舍不得吃的小蔡，居然点起了夜宵，也算是开窍，舍得为自己花钱了。

我去了之后，看见他一个人坐在那里，桌上只有一碟花生米、一碟毛豆、几瓶青岛啤酒陪着他买醉。

我问他菜都上齐了？他说齐了。我二话不说，点了几串烤翅、15串羊肉串，还有一些其他的食物。

加菜的过程中，他直喊少点一些，怕吃不完。他不是怕吃不完，而是怕花钱。

借着他酒醉，我数落了他一通，说他对自己太抠门了，抠门得不像话，他要是再这么小气下去，将来都没有姑娘愿意跟他走下去。

本来昏昏入睡的他听到这话来劲儿了，他说自己之所以这样抠门，就是因为他的前女友。前女友之前总是嫌弃他没钱，所以最后跟别人在一起了。

现在他能赚钱了，他要把所有钱都节省下来，让别人看看，他并不穷，他有的是钱。

我替他感到悲哀。他是能赚钱了，但只能代表他的工作能力提升了，跟他省不省钱没有太大关系。

对自己好一点儿很难吗？为什么要别人鞭策自己，才舍得为自己花一分、两分钱呢？

很多人对自己好，都要给自己找一个借口。比如，考试考好了，才能吃一顿汉堡；业绩达标了，才可以买自己想要的手表；

第 3 章
我乐于和世界沟通

必须等到超市搞特价,才疯狂去囤货……

　　随时随地对自己好,成了一件很奢侈的事情。对自己好一点儿,真的不需要借口。那些借口,或许都是因为自己没钱。如果没钱,你就要努力去赚,并把对自己的好当成是你的终极目标。

SHENGHUO
YAOYOUYISHIGAN
生活要有仪式感

为了更好地生活，我愿意搬家

搬家其实是件很麻烦的事，但为了让自己居住的质量更好一点儿，更快乐一点儿，这样的麻烦是能够忍受的。

我回忆了一下，在京五年，我换了五个地方，几乎是一年换一次。每一次搬家的时候，都有一种说不尽的惆怅。

毕业后找的第一间房子，是公寓里的集体宿舍，上下铺。总共有8个床位，所以住了8个人。只能说房东太会赚钱，一间小小的屋子，居然收了8个人的房租。

不过对于个人而言，价格也相对便宜。一个人600元的房租，包括水电费在内，网费单独付钱，不过也用不了多少，大家平摊下来，大概15元一个月。

集体居住的好处是热闹，坏处是太吵闹。每个人的作息时间都不一样，你想关灯睡觉的时候，别人还不想睡，叽叽喳喳地聊个不停；别人想睡的时候，你又不想睡，于是一宿宿地亮着灯。

唯一的隐私是床上的那块窗帘，它不但能起到遮阳的作用，还能起到遮羞的作用。床上那一米二，就是我最有安全感的地方。

上厕所是最不方便的一件事，因为隔壁宿舍也住了8个人，

第 3 章
我乐于和世界沟通

加在一起就是 16 个人。我们总会因为争抢厕所而吵得不可开交，没办法，因为住的人实在是太多了。后到的人只能憋着，老老实实地等着先抢到厕所的人出来。

就这样大概住了一年的时间，我换到了东三环。三环听着好听，像是市中心，其实呢，找的房间是隔断的，一个卧室被隔成了两段，一人住一边，隔眼不隔音。

那个房子住了三户。我跟另一间隔断是 1300 元一个月，另一间主卧稍微大一点儿，而且挨着厨房，所以比我们的隔断间贵了 200 元。

虽然是隔断，但却比宿舍要稍微好一点儿，好歹也算有了自己的私密空间。弊端就是每天说话的声音得放小再放小，因为隔音实在是太差了，实不相瞒，假如放个稍微大声点儿的屁，你都能在隔壁听到。

隔壁那间隔断房在短时间内换了两拨人，第一拨人住的是一对情侣，他们格外安静，几乎听不到他们对话的声音。可能他们也知道隔音太差，不好意思打扰到别人，所以把声音分贝降到了最低。

他们住了半个月之后便搬走了，因为他们吵架了。具体因为什么吵架，我也不得而知，总之就是搬走了。

新住进来的是一个"90 后"的实习生，他有点儿胖，也有点儿可爱，从面相上来看，不算是让人讨厌的人。

果不其然，他也很能体谅别人，从不大声喧哗，也不在半夜里大声打电话，绝对算得上是一个绝佳的好室友。

SHENGHUO
YAOYOUYISHIGAN
生活要有仪式感

我那小小的房间里,被我贴满了壁纸。刚贴的时候,因为个子不够高,太高的地方够不到,叫了朋友一起来帮忙,我们两个利用下班的时间贴,贴了两个晚上才把几平方米的屋子贴完。

那间房有多大呢?用我姑姑的话说,刚好伸出两只手的臂膀那么宽——她身高一米五五。

虽然房子很小,但布置完后还算温馨。小小的屋子里,被我塞得满满当当。唯一不好的一点是阳光照不进来,屋子里白天也要开灯,半夜会听见窸窣的老鼠声。一般听见这种声音,只能翻个身接着睡,装作什么都没有听到。

我对面的主卧里住的是一个女生,也是学文的。她人很安静,也很好相处,我和她很合得来。我们偶尔会一起吃个宵夜、逛个街之类的。

我在那里住了一年,虽然那里的居住环境不怎么好,但却让我收获了两个人品不错的室友。

第三次搬家的时候,找的还是第二次帮我搬家的那个师傅,因为他的价钱公道,人也好,还会帮忙搬东西上楼。

他在车上笑着问我,怎么这么快就又搬家了,才在这里住了一年。他笑我也笑,我说实属无奈,谁都想往更好的生活靠一靠,在没有稳定下来前,只能不停地换。

这次的房间要稍微大一点儿,足有 20 平方米,而且采光也不错,有个大大的落地窗。离地铁 10 分钟的距离,已经相当不错了。最主要的是,这么干净的房子,不存在有老鼠的情况。

北京的房子贵,70 平方米的房子住了四户,三女一男,都是

第 3 章
我乐于和世界沟通

绝好的室友,不吵不闹不折腾。

我那间房子,2200元一个月,还要额外多交一个月的中介费。房子的隔音效果非常好,小区里也很安静,非常有利于学习和睡觉。一张一米八的柔软大床,拯救了我的睡眠。

以前总说出门买东西不方便,这个房子的位置满足了我所有的购物欲。超市、理发店、按摩店和电影院都在一条街上,给了我说不出的惊喜。

房子里的厨房也可以做饭,我们几个人会轮流做饭,然后敲门叫对方出来品尝,探讨下厨艺,聊下生活和工作中的那些事。

我在这里住了一年,后来搬到了老板提供的住所里,一个人住了整个房子,不用交房租和水电费,在心里暗暗叫着爽。

一个人享受着上百平方米的住房,没有室友,虽然也会寂寞,但比起寂寞来,更多的还是开心,因为我本就喜欢安静,而这里能静到让你整个人发怵。

每次下班回来之后,我都要围着小区跑上四圈。直到跑出一身汗,才回家洗澡。

一个人住,想什么时候睡都行,灯想亮到什么时候都行,房间里的音乐想开到多大都行,没有人管的感觉,让我爽到爆炸。

我隔三岔五会叫朋友过来聚会,因为这里能容得下20多个人。客厅成了我们常驻的地方,在那张圆桌上,我们留下了很多欢笑声,有我们吹过的牛、浏览过的美景和一切许诺过的未来。

本想一直这么住下去,但无奈终究不是自己的房子,终归是要走的。只是希望下一站能多赚点儿钱,有个属于自己的小家,

**SHENGHUO
YAOYOUYISHIGAN
生活要有仪式感**

永远都不需要再搬家。

前年 8 月,我再次搬离了那个地方,住到了自己的房子里。

生活皆苦,就像我们坐着一艘摇晃的小舟,在琐碎的日子里飘来飘去,只有到岸了,才会永远安定下来。在船没有到达彼岸时,都需要我们奋力前行。就像我从毕业租房,到买到人生的第一个小房子,需要奋斗很多,也需要付出很多一样。

每换一处地方,都代表着你的努力和付出,因为每一处地方,你只会越换越好。

为了能早日安定下来,愿你多付出一分努力,在搬家这条路上越搬越好,搬出一片光明的前途。

第 3 章
我乐于和世界沟通

世上多少事，想着想着就算了

我听过最美好的词，是"明天见"；我听过最悲凉的词，是"算了吧"。世间多少事，想着想着就算了，走着走着就散了，只留下一堆残缺的记忆。

去年跟大学同学约好今年一起去阿尔卑斯山，当时我们兴致四起，制订了很多路线和计划。另外，我们还利用上下班外的空闲时间来讨论这件事情，就连出去旅行的衣服都提前准备好了。而且在折扣季的时候，我们把机票和酒店也都订好了，只等着日子到来，向快乐出发。

但就在出发的前夕，同学忽然给我发消息说她去不了了，说了一堆抱歉的话，如"实在是对不起我"云云。

她说一想到自己快要辞职了，就没有太大的兴致去了。因为辞职意味着没有了经济来源，想到这些，她心里有些发慌。

我只能作罢，也不能说太多责怪的话。后来我自己按照原计划去了那里，拍了照片传给她，以弥补她没有来的遗憾。

很多事都是这样，总会有这样或那样的因素，让你想着想着就算了，算着算着就不想去了。

去年我参加了一场读书活动，在活动中认识了一个女生。因为喜欢书籍的类型都差不多,所以就聊得多了一些。在聊天的过程中,我了解到她很喜欢跳街舞,因此觉得她应该是一个很有趣的女生。

临分别时我们互加了微信,时不时地会在朋友圈里看到她晒跳舞的视频。配文总是特别励志,比如"多坚持一下,就能看见曙光"等等。

她的舞蹈视频在朋友圈里坚持了大半年,在大半年之后就消失了。一开始我没在意,直到过了段时间我才去问她原因。她给的理由是太忙了,没有工夫再去跳舞,只能在心里想想。

我反问她:"可你明明很喜欢跳舞啊!"

"算了吧,以后再说吧。"

这是她回复我的话。我不知道该怎么接,所以没再回复。之后就再没看见她在朋友圈里发过有关舞蹈的视频。

不知道要找到什么样的理由,才能狠心地切断自己所热爱的东西,才能对曾经的挚爱说上一声"算了吧"。

不只是她,就连我身边最亲近的好友也是一样。

她算不上很胖,但按照她的身高和体重来说,还是有些超重。她立志要减肥,并在口头上说了不止一百遍。从前年说到今年,但却一斤肉都没有减掉;各种运动计划,一个都没有实现。

她总能找出各种借口,来应对她不想去运动的心。比如,今天下雨,那就不去爬山了吧,多睡一会儿,于是蒙头大睡,健身计划作罢。

若是今天到了仰卧起坐的时候,她又会找来一堆借口,比如

第3章
我乐于和世界沟通

"今天腰有点儿酸,明天再说吧"。

计划计划着就搁浅了,做着做着就算了。你不想做一件事情的时候,总会给自己找来一堆的借口,来搪塞你想要做的事情,导致它们永远都不能得以实现,只能在"想想"里算了,在"想想"里终结。

2017年底,表姐给我打电话让我督促她背单词。我问为什么,她说她要考雅思,准备去新西兰边旅行边工作。我说不用我督促啊,每天在学习英语的软件上打卡就行了,她说也是。

于是,她信心满满地开启了学英语之旅。我偶尔也会问问她的进度,她说一切都好,每天10个、20个单词地递加,一直到每天能背诵30个单词为止。

一个月过去了,我问她英语怎么样了?她说最近工作忙,总是出差,完全没有时间去背单词。

一年过去了,我问她英语学得怎么样了?她说早就不学了,实在是太忙了。

忙着忙着就算了,是真的忙吗?或许如此,但多少有借口的成分在里面。要真想干成一件事,就要像二月河那样,"偷"时间也要把它做好。

在"知乎"上看到别人问,你有什么事情想着想着就算了?

下面的答案有无数条,每个人都在说着自己放弃的那些经历过程:

有人因为学吉他太难,想着想着就算了;

有人因为学英语太难,想着想着就算了;

生活要有仪式感

有人因为太忙，想出去旅行，想着想着就算了；

有人因为考研，想回老家看看父母，想着想着就算了；

有人因为距离太远，想见很久不见的老友，想着想着就算了；

……

前些日子有人跑来给我留言，说自己想写网文。我回复他有梦想，努力追着跑就好，只要不放弃，就能看到胜利的曙光。他回复谢谢之后便没了音信。

很长一段时间后，我把这件事情忘了，甚至忘记了有这么一个人的存在。一年之后，他又出现了，写来了长长的邮件，我才记起有这么一个人。

信件里怎么写的呢？大概说他遭遇了很多事情，不得不放弃写网文的打算，最后还深深地感慨了一番。我没有回信，多说无益，良言唤不醒一个想要沉睡的人。

最近新加入了一个读书监督群，里面有十来个人，大家加群的目的，就是相互监督。每天看了几页书，都可以去群里打卡。

开始的前10天，大家都在群里报告这一天读了什么书，读了多少页，兴趣高涨。但渐渐地打卡的人数越来越少，从一开始的全部，到9个、8个，再到6个、3个，到了最后，群里"死言"了。最近这个月，谁也没在群里说过一句话，更别说相互打卡了。

不用想也能知道，大家都在为自己的事情奔波着，读书的计划早就被抛到九霄云外了。

第 3 章
我乐于和世界沟通

只有爱到深处，才能坚持得久。所有的这一切，还是源于爱得不够深沉和热烈。

自己想要完成的事情，无论多么困难，都会想方设法去完成。无论前方有多少荆棘阻碍着路途，都会一一把它清除干净。

我们有一个相同的特点，那就是本来下定决心想干的一件事情，因为坚持到一定的时候坚持不下去了，就放弃了。而且还慌忙地给自己找来一个借口，解释自己为什么要放弃，让自己心里好过一点儿。

在这个世界上，最苍白的就是借口。你根本不用去做过多的解释，因为借口就是借口，说得过多就是不值钱的废话。

世界上最遗憾的莫过于想着想着就算了，走着走着就散了，说着说着就放弃了，爱着爱着就没有了。

碎片化时间，决定精彩

上次手机弹出一个手机周报，上面显示平均每周每天使用手机的时长为 8 小时 50 分钟，这个数据把我吓了一大跳。

这么长时间用在手机上，平常我还总问自己我的时间都去哪儿了？我不知道我的时间去哪儿了，但我的手机却帮我记了下来，告诉我时间都挥霍在一些无关紧要的事情上面了。

你有没有这种感觉，一天到晚不知道忙了些什么，时间就过去了，匆忙之间就被蹉跎了。

早上一定要睡到自己定的闹铃响，才会慢吞吞地爬起来。洗漱，吃早餐，坐地铁去公司，地铁里的时间不是坐着打瞌睡，就是站着玩手机，总之不能让自己静下来。

下班后跟早晨一样，乘坐地铁回到家中，往沙发上一倒，不问天下事。除了每天重复机械化的工作外，一天下来一无所获。

直到额头上的皱纹多增了一条，眼角的鱼纹老化了一点儿，才知道每天的碎片化时间有多么重要，才知道它起着人生至关重要的作用。

我微信里有个朋友是写网文的，每天更新一万字。写文的人都知道，每天坚持写一万字，是件很不容易的事情。

第 3 章
我乐于和世界沟通

最主要的是,这个朋友平常还要上班,每天能利用的时间其实很少。

他是怎么做到的呢?他每天会比别人早起两个小时,别人早上 7 点起,他就 5 点起,多出来的两个小时,他用来码字。

他家到公司乘坐地铁需要一个小时,他在地铁上也会码字。早上地铁上人多,他一般会拿出手机,在备忘录上构思自己的写作思路。到公司后,他会利用午休的时间再把它整体地写出来。

晚上 6 点下班,吃完晚饭后,抛开刷牙、洗澡等其他零碎事情,晚上 8 点半他会准时坐到计算机前,雷打不动地码字,一直到晚上 11 点半。

这样算下来,他每天的零碎时间就有 6 个小时。碎片时间拼凑在一起,是个多么庞大的数字。

他的一天比别人多 6 个小时,也就多了 6 个小时的财富。他一个月比别人多了 180 个小时,180 个小时算下来,一个人比别人多出了足足 6 天的时间,一年下来就是 72 天。就是这 72 天的时间,让他和别人拉开了无限大的距离。

你早上起不来,白天不想做,晚上要睡觉,找了一堆借口来搪塞自己。你现在怎么对自己,未来就会怎么对你。

很多人想做一件事,但一直都没有去做。很大的原因可能是不够热爱,或者是不够自信,对自己的能力抱有怀疑的态度。

可很多事情只有做了才知道自己能不能行,什么都不去做,光有一副空洞的眼神,即使有再好的运气,成功也不会垂怜你。

保持一项爱好,让它在时间的深度和长度中慢慢生长,可能会得到始料未及的成就。

曾听到过这样一个故事:

徒弟对师父抱怨说:"师父,为什么我感觉每天蹲桩、扎马步没有多大的用处呢?"

师父反问徒弟道:"如果在万里之外有个你喜欢的姑娘在等着你,你能做到一口气跑到她面前吗?"

徒弟摇头说:"当然做不到,那样会累死的。"

师父说:"这是同样的道理。不要成天好高骛远,你每天走一里路,总比一动不动要好,那些每天走十里路的人,又要比每天只走一里路的人更接近风景。"

只要你敢行动,就一定会有收获。上天总是会对那些勤勤恳恳的人心生怜悯,会多加眷顾。

小说家兼钢琴家爱尔斯金,曾说过一个关于他自己的故事。

他小时候上钢琴课时,他的钢琴老师卡尔·华尔德问他:"你每天要练习多长时间的钢琴?"爱尔斯金回答说:"每天三到四个小时。"

卡尔·华尔德接着问:"那你每次练习的时间都很长吗?"爱尔斯金默默地点头。

卡尔·华尔德说:"这样不好。为什么不好呢?因为你长大之后,每天都不会有很长的空余时间。你现在必须养成一种习惯,比如说只要逮到几分钟的空闲时间,就去练习钢琴,把那些零散的练习时间分散到每一天里,慢慢地把这变成一种习惯。"

爱尔斯金牢记了这些话,只要一有空,就会练琴和学习。后

第 3 章
我乐于和世界沟通

来爱尔斯金在哥伦比亚大学教书时，他利用钢琴老师卡尔·华尔德所教的方法，在工作繁忙的情况下，一边进行小说创作，一边还练习钢琴。

他把所有的碎片时间都叠加在一起，成就了一个教授、小说家和钢琴家的身份。

你的时间用在哪里，哪里就会给你回报。如果你每天只是将闲散的时间用来偷懒，那毫无疑问，你就是一个懒汉。如果你利用这些时间去做自己想做的事，积少成多，你就会成为那个领域的专家。

我有个好友，他深知时间宝贵，也深知自己一天下来没有太多空余的时间，所以他想做的事情都分开来做。

比如，他喜欢读《红楼梦》，年少时虽然看过，但还是想不断地重温里面的精彩之处。没有时间看怎么办？他就利用做早餐的时间，用手机打开音频，边弄早餐边听讲。

一节音频课在半小时左右，一般一顿早餐下来，课也听完了，两全其美。如果要自己把手头所有的事都放下来听课，反而不太可能。在这两种都不耽误的情况下同时进行，是最好的解决方法。

他想阅读的书，会下载成电子版，方便外出时随时阅读。公交上、地铁上、厕所里，任何一处地方都可以。比如，等电梯的时间、等外卖的时间、中午吃饭的时间，只要是能利用上的，他会全都利用上。

现在是一个快节奏的时代，大家都很忙，每天工作要占据一

SHENGHUO
YAOYOUYISHIGAN
生活要有仪式感

天的大部分时间,其他时间还要用来吃饭、睡觉,要想做点儿什么,只能争分夺秒地去做。

别人之所以那么成功,是因为别人懂得珍惜时间。

跟时间赛跑吧,跟时间处成亲密的朋友。现在合理利用的那些时间,日后都会变成甜蜜的果实,温暖你的心窝。

SHENGHUO
YAOYOU
YISHIGAN

第 4 章
爱的仪式

爱情要保鲜，又何尝不需要花费时间和心思呢？不是说结婚之后，觉得对方属于自己了，就没有维护的必要了。所有的关系，都是需要维护的。就好比一个东西坏了，你需要拿去修理，它才能正常地使用下去。亲情如此，爱情亦如此。

爱是需要表达的

前几天我的好友 Joe 疯狂地给我打电话，说他最近特别郁闷，因为他喜欢了两年的女孩，马上就要跟别人结婚了。听了他的一番哭诉之后，总算弄清楚了事情的缘由。

原来他喜欢上一个平时和他们一起练舞蹈的女孩，一直偷偷地暗恋着人家。偶尔会给女孩发一两句消息，如果对方不回，他就作罢。

有一次，他们一起练习完准备回家，外面忽然下起了一场很大的雨。Joe 提议送女孩回家，女孩因为路途远，没有带伞，而且雨天叫车也不方便，就答应了下来。

把女孩送回家之后，Joe 什么话都没说就走了，甚至连个晚安的微笑都没有。

Joe 喜欢这个女孩，但什么都没有去做，更没有去表达。

我说你不表达，只是暗恋，女孩又怎么会知道你喜欢她呢？

Joe 说怕自己说了之后，对方会拒绝，从此失去她。

我说你不说她一定不会是你的，你说了也许还会有机会。

只是爱一个人还不够，你得学会去表达，让对方知道你在乎她（他）。爱是互动的，不是一个人的独角戏。

第4章
爱的仪式

大六子就是这么一个人，性格木讷，不善于表达。

虽然大六子和他的妻子已经结婚三年了，但他却很少对他妻子说"我爱你"之类的话。问他为什么，他说觉得太酸，自己说不出口。

不但如此，大六子甚至连像样的礼物都没给自己的妻子准备过。他妻子每次跟他发脾气时，他总是温吞吞地、含含糊糊地打个哈哈混过去。

他这样的做法，让他的妻子觉得他已经不爱自己了，因此要跟他离婚。

直到这个时候，大六子才醒悟过来。他想起妻子跟着自己"遭罪"的日子，自己却从没送过她一束玫瑰花，也没有和她一起出门旅行过，就是发个红包表达下心意这种小情趣，他都没有做过。

在去民政局办离婚的路上，大六子急切地跟他妻子表白，把之前从没说过的酸话，一股脑儿地都说了出来。看他急得满头大汗的样子，他的妻子才放过他，两个人重新过起了日子。

生活中真的有大六子这样的人，他们不会跟别人去表达，永远都按照自己的想法去做事，这样其实很伤夫妻之间的感情。

不要吝啬你的表达，想到了就去做，如果真的爱对方，就开口说出来。

问你一个最简单的问题，你爱你的父母吗？你肯定会回答说爱。但是又有几个人打电话对自己的父母说一句"我爱你"呢？现实中很少吧。因为觉得没有必要，与父母这么深的血缘关系，怎么可能不爱呢？

但如果你经常说上一句"我爱你"，却会使他们感到开心，这对你自己也没有什么损失。

我问过一个朋友，问他从他懂事到现在，有没有对自己的父母说过一句"我爱你"。他沉思了一会儿，告诉我："一句都没说过。"

他今年31岁。31年来，他从没对自己的父母说过一句"我爱你"。他说觉得没有必要，再者感觉这话从他的嘴里说出来会觉得很尴尬、很肉麻。

那是自己的亲生父母，有什么尴尬和肉麻的呢？他们生你养你，难道不值得你一声"尴尬和肉麻"，那作为你的父母，也太不值当了。

你说出来，他们会开心，你自己也会开心。不要害怕，试着说一次，说完一次，第二次、第三次就会容易很多。

前天在微信公众号的后台收到一个读者发来的私信，同一条私信她写了一百遍：我感觉我男朋友不理解我，我该怎么办？

我耐心地问了她来龙去脉，其实就是一件很简单的事情。

上周六，女孩想让男朋友陪她一起去逛街，看看她一直想要的新款包包。但男朋友呢？想拉着她一起去看最新上映的电影。

她心不甘、情不愿，但最后还是跟着男朋友去了电影院。在整个观影的过程中，她一句话都没说，一副苦瓜脸。

我问她，这跟你男朋友不理解你有什么关系吗？她说当然有，因为自己暗示了他很多遍，表示自己不想去看电影，想让他

第 4 章
爱的仪式

陪着自己去逛街。

"那你是怎么暗示的？"

"我说了前不久我提到的包包今天上新了，或者今天的天气很不错，非常适合逛街之类的话。"

拜托，只是这样的暗示，你男朋友又怎么可能顺利地捕捉到你的意思？如果你不想去，可以直接说出来，不然长着嘴巴是干吗的呢？除了吃饭外，不就是说话的吗？

不要让别人猜来猜去，猜对了你开心，猜不对你不高兴。不如索性大胆地表达出来，因为这并不是什么难事。就比如你想向某人借一样东西，你不说别人怎么可能知道呢？

小 A 跟上面的女孩一样，说话总是含蓄不直接，总让别人猜来猜去，最后恋爱的时候也不是很痛快。

小 A 跟小 B 是在聚会上认识的，他们俩互有好感，散场时互留了联系方式。

之后会私下约一起吃吃饭、看看电影、打打球，但也仅限于此，谁都没有捅破那层窗户纸。每天照样聊天，但聊的都是一些无关紧要的话。

就这么不咸不淡地过了三个月。某天小 B 跟小 A 说，自己以后不能陪他出去了，因为她交男朋友了，怕男朋友会吃醋。

小 A 特别惊讶，连连信息轰炸，他说"难道你不是我女朋友吗？为什么还跟别人交往呢"？小 B 也特纳闷儿，她说"我们从来就没有明确是否是男女朋友，你连'我喜欢你'这么简单的话都没说过，算什么男女朋友啊"？

SHENGHUO
YAOYOUYISHIGAN
生活要有仪式感

想来也是，他们俩一直都处于含糊的状态，小 B 是女生，肯定不会主动表达。只是现在出现的那个男友，比小 A 要善于表达，所以捷足先登了。

不是有一句"你主动一点儿，说不定我们连孩子都有了"的玩笑话吗？说的就是既然喜欢，就要勇敢地表达出来。不表达出来，没人会知道你的想法，不是每个人都能看透你的心思。

第 4 章
爱的仪式

给对方心跳的感觉

曾看过一档综艺节目,主持人问嘉宾:"什么是爱情保鲜的方法呢?"嘉宾回答说:"既相互独立又相互依赖,经常会制造一些小浪漫给对方。这样的爱情即使过了很多年,依旧会如当初那般甜蜜。"

曾看过一个特别温暖的故事。

男生和女生都是大三的学生,他们在同一所大学上学。在学校放假之后,两个人身处异地了。

男生答应放假后会去看望女生,但后来因为种种事情,男生说去不成了。后来,男生说为了庆祝他们在一起半年,要给女生寄礼物,于是女生给了男生家里的地址。

男生在寄快递的时候,不小心把收件人的电话号码写成了他自己的,他对女生说,如果快递到了,他会给女生打电话,让她去取。

两天后,快递到了。他打电话让女生下楼,女生像平常那样出现在收快递的地方。但她看见的不是快递员,而是拎着一个大包裹不断喘着粗气的男生——她的男朋友。

他们隔了 2000 多公里的距离,他节衣缩食地省下 1000 元钱,买了车票来看她。他中途转了三次车,历经千辛万苦才来到她的面前。

男生为了给女生一个惊喜，在来的前两天故意没有理睬女生，为的就是女生见到他时惊喜的样子。

女生看到男生的时候，眼泪止不住地往下流，悲喜交加，她知道，那是爱情最美的模样。

偶尔的一次惊喜，会让对方开心很久，也能牢固彼此之间的感情。很多时候，只要你有心，爱情就能无限保鲜。

刘凯是模范丈夫，之所以称为模范，是他跟他妻子之间的感情非常和睦。

他知道妻子平时工作忙，所以如果下班早的话，他会亲自去菜市场买菜，做一顿可口的家常菜，然后等着妻子回来吃。

偶尔他也会给妻子洗衣服、做家务。他经常说，这些不一定都是女人才能干的活儿，男人也一样能干。

他特别体贴她妻子，他妻子自然也很理解他，于是两个人相依相伴，一起走过了十年时间。

每次刘凯出差回来时，都会带回来一份手信送给妻子。如果去很远的地方，他会买一张明信片，写下祝福的话语，寄给家中的妻子。

在爱情里保持初心很难，因为很多人都怕麻烦，把该省下的仪式和礼节全都省了，这才导致有了那句经典的台词：结婚后的妻子成了冰箱，打开就有吃的，坏了也不用维修。

说一个关于我父母的故事吧。

我爸妈是一对极不解"风情"的人，几十年下来，从来没看到过他们当众拥抱一次，也没有特别亲密地叫对方一声"老公"或"老婆"，永远都是用名字代替他们的感情，就更别说送礼物

第 4 章
爱的仪式

这样的事情了。

去年的情人节我刚好在家,就买了一束鲜花送给我妈,但署的名字却是我爸爸的。

我妈下班回来之后,我和弟弟开始起哄,说"妈妈你看,你还说爸爸老古板呢,这不给你送花了吗"?

我妈妈看到花后开心得不得了,一直笑个不停。一边笑一边怀疑,她说"肯定不是你爸送的,肯定是别人送我的,然后你爸'借花献佛'"。

我爸站在一旁,看着我妈把话都说到这份儿上了,也"浪漫"了一把,说花就是他送的,他还对我妈妈说:"你不是总说我不够浪漫吗?现在送花给你,你又不相信。"

我妈妈虽然半信半疑,但身体却很诚实,她掏出手机给花拍了个照,发了有史以来的第一条朋友圈。后来,她还把那束花的照片当作了头像。

她虽然一直很心疼钱,嘴里说不要买、浪费钱之类的话,但如果你真的这么做了,买了礼物送给她,她是非常开心的,她的种种举动也能看出她的欣喜。

所以,当对方说"太浪费钱了,你别买,买了我也不要"这种话时,你完全可以忽略不听,这一定不是真心话。你买了,她表面上会别扭一番,但内心一定会很开心地接受它。

我姑姑跟我姑父结婚 30 多年了,连红脸都没发生过。在我们眼里,他们是典型的恩爱夫妻。

在生活上,姑父也不是一个很懂浪漫的人,没有那么多的小惊喜和小感动给爱人,但他有自己的一套:处处听妻子的话。

生活要有仪式感

姑姑说什么，他都不反驳；姑姑说什么，他都坚决服从。别人问姑姑，事事都由你拿主意，你不累吗？姑姑说不累，她特别喜欢这种"操控"别人的感觉，说明姑父的心里有她。

这是姑父的聪明之处，其实也是姑父的浪漫之处，他知道怎么做姑姑会真正开心。

浪漫没有标准，能打动对方，即是浪漫。浪漫不分大小，也不分金钱的多寡。

我有一个同学，他家里比较穷，初中、高中的学费都是借的。一直穷到上完大学，他的日子才渐渐好了起来。

有一次过节的时候，不知怎么说到了黄金上，他妈妈说了一句这辈子估计是没那个命戴那么好的东西了。

大概过了三个月，他妈妈过生日。他爸爸一声不吭地从里屋拿出一个周大福的包装盒，小心翼翼地递给他妈妈。

那里面是一枚能伸缩的黄金戒指，克数不是很重，但花纹很漂亮。他看到他从来不会浪漫的父亲，用他那皱巴巴的手细心地给他妈妈戴上，他妈妈的眼角里沁出了泪花。

后来他才知道，他爸爸每天都会在工作之余，再多干一些活儿，比如给人熬夜守大门、积攒废弃的垃圾等，那1000多元，是一点点从生活的琐碎里赚起来和抠出来的。那个从来不会说爱的爸爸，在他妈妈的面前浪漫了一把。

爱情要保鲜，又何尝不需要花费时间和心思呢？不是说结婚之后，觉得对方属于自己了，就没有维护的必要了。所有的关系，都是需要维护的。就好比一个东西坏了，你需要拿去修理，它才能正常地使用下去。亲情如此，爱情亦如此。

第 4 章
爱的仪式

认真对待每份真心

豆瓣上有这样一个话题：你见过最渣的人是什么样子的？

下面有几个高赞的回复，说的都是同一个人、同一件事。是什么人、什么事呢？

人是当年的热播剧《情深深雨濛濛》里的书桓。当初年幼看的时候还没有太大的感觉，如今再被人分析一通，感觉还真是那么回事儿。

电视剧里的男主角书桓真是渣到了极限，遇见依萍和如萍时，同时爱上了这两个女孩。不主动、不拒绝、不负责，在他的身上表现得淋漓尽致。就连一向憨厚的杜飞都知道，在两个女孩都爱上你的情况下，你要对其中一个狠，对另一个忍才不会有麻烦。

但他是怎么做的呢？他两个都爱，两个都放不下，用同一套方法，在两个女孩面前轮流使用，用自己的"实力"去撩妹。结果就是两个女孩都受到了伤害。

爱情面前，只有认真，才能收获一份长久的爱情，也才能换来另一个人对你的好。

在现实生活中，何书桓这种类型的大有人在。不主动、不

生活要有仪式感

拒绝、不负责，脚踏好几只船，扬扬得意，自以为走向了人生的巅峰。

看过这样一个故事：

男生对女孩 A 说喜欢她，想要和她在一起。

男生对女孩 B 说不会离开她，以后会努力赚钱来养她。

男生对女孩 C 说希望女孩不要离开自己，因为他想要女孩给他生孩子。

……

男生给众多女孩的甜心承诺，其实也就是说说而已，并不是想真的和她们在一起，只不过为了自己一时的娱乐而已。

最终，男生的伎俩被女孩 B 发现了，女孩 B 将这件事告诉给自己的哥哥。女孩 B 的哥哥二话不说，上去就暴揍了那个男生一顿，医院的病床成了男生的归宿。

不要心存侥幸，因为贪心是不会有好结果的，更何况是在一对一的爱情面前。

前段时间看了一个"毁三观"的新闻。

一名男子利用法律漏洞，同时娶了两个妻子。他把这两个女人安排在一个村子里，并且两家还挨得很近，因为这样会方便他两边照顾。

一周 7 天，他每家各待几天，如果去另一家的时候，他就找借口说出差。有一方甚至还给他生了孩子。

他说两个人他都不能舍弃，他都爱，都想去照顾。

世上没有不透风的墙，那么忐忑地过了一年，终于还是被发

第 4 章
爱的仪式

现了。

记者问他只能选择一方的时候,他要怎么办?他说都舍不得,手心手背都是肉,很难割舍。

视频里的两位"妻子"发现彼此的存在后,都很惊讶。她们说他对自己非常好,完全看不出是这样的人,双方也都不知道彼此的存在。

两个女人掩面大哭,都说要跟他脱离关系,不想再继续这样下去了。这个男人两个女人都想要,到最后却都得不到。他连"鱼和熊掌不可兼得"这么简单的道理都不懂。

如果选择其中一个,好好地待她,把那份多余的爱收回来,用在一个人的身上,相信她在感受到幸福的时候,也会把她的那份幸福回报给你。

在这件事上,我想到了我的姑父。

我姑父年轻的时候,不是什么"好人",他嫖赌逍遥,除了不杀人放火外,其他样样都干。

他命好的地方就是娶到了我姑姑那样贤惠的女人,给他生了一男一女两个孩子。姑姑特别顾家,是顶好的女人,务农持家也是一把好手。

姑父一年到头在外打工,极少回家。年头到年尾看不到几个钱,不知道他花在了什么地方。那些日子,都是姑姑在家里务农,给人干活儿,辛辛苦苦赚几个钱来贴补家里的花销。

姑姑也会骂姑父,但没有用。他听到姑姑骂他会嫌烦,一嫌烦就会往外跑,更加不见了人影,因此姑姑的日子过得很苦,表

**SHENGHUO
YAOYOUYISHIGAN
生活要有仪式感**

姐和表弟都知道。

夏天的时候，姑姑都是凌晨 5 点起，晚上 12 点多才睡。白天要干活儿，还要操心表姐和表弟的生活，她上面还有一个失明的婆婆要照顾。婆婆知道儿子不争气，但除了骂几句外，也别无他法。

姑父就这么混了三四年，后来不知道怎么开了窍，开始会往家里寄点儿钱了。可能是良心发现，也可能是在外面受了什么委屈，觉得还是家里的温暖靠谱儿。总之，算是回头了。

但在表姐、表弟的眼里，那点儿钱弥补不了他对家庭的伤害，他们俩经常不给父亲好脸色。

虽然他在尽量弥补他之前犯下的错，但他和他的家庭之间还是有些不可愈合的裂痕。

后来，表姐和表弟都相继大学毕业了，也都找到了工作。他们打电话时更多的是询问母亲，很少谈及他们的父亲。

每次都是姑姑在他们的面前做思想工作，说再怎么样他也是你们的父亲，除了担待和包容外，没有更好的办法了。

姐弟俩在姑姑的多次教导下，慢慢改变了对姑父的看法。姑父真是娶到了一个好妻子。

现在，姑姑和姑父年纪渐渐大了，姑父想闹腾也闹不起来了，除了脾气暴躁一点儿外，也还算安分。姑姑向来贤惠，不会过多地数落姑父，表姐和表弟也碍于他父亲的身份，不好过多的责怪。

只是姑父成了村里人茶余饭后的谈资，他年轻时候的那些事

第4章
爱的仪式

儿,大家都知道,甚至还有家长把他当成反面教材来说给自己的孩子听。

你不认真的态度,家人或许会原谅,但生活却不会遗忘。好好对待自己的爱人和亲人,才是这辈子最重要的事。

虽然在别的事情上,付出未必会有回报,但在亲情这件事情上,它是一定会回馈给你的。

就爱情而言,我还想讲一件事。

我大学时期的两个同学小布和小白,他们谈了7年的恋爱,终于结婚生子了。

小布人真的很帅,各方面都很优秀,喜欢他的女生有很多。他在众多的女生里选择了小白。一开始小白还会担心,不知道他有一天会不会突然跑掉,或者被别的女生追走。

但是后来,她就放下了心。因为小布给了她很多的安全感,让她觉得自己才是他心里那个最重要的人,除此之外,再无其他。小白像吃了定心丸,不再担忧,也不再疑神疑鬼。

我想说的是什么呢?以小布的条件来说,他可以跟很多女生交往,别人就算知道他有女朋友,也不会嫌弃他。但是他没有那么做,因为他知道爱必须是专一的,只有专一才能长久,也只有专一才配拥有更好的。

让聊天有点儿温度

不知道你们有没有遇到过类似的问题：很久不联络的人，忽然跑来找你，就喜欢以一句"在吗"来开场。

一般我遇到这种问答，会冷冰冰地不带任何表情地回复说：怎么了。可能对方也能感受到我当下的心情，于是她的下文会是：没事。

真的没事吗？其实不是，肯定是有事的，不然她也不会来问你"在吗"，只是她预感到气氛不对，不想再过多地说下去。于是一场聊天，就死在了开头。

试想一下，如果对方在"在吗"的前面加个昵称，会让人觉得亲切很多，也会有继续聊下去的欲望。对方会热情地回复你，你再开门见山地说出你的主题，这会顺利很多。不然别人就会认为你的"在吗"都是套路。

这就好比上一次微信里有一个很久不联系的人，忽然给我发来一条消息。我点开一看，上面显示出两个苍白的字：在吗？我不知道她有什么事，实际上也并不关心，但好奇心驱使我回复，我回了她一个字"在"。

"麻烦朋友圈第一条帮我点个赞，谢谢。"

第 4 章
爱的仪式

　　这次之后,这位朋友的"在吗"我一律不回复,一直静静地让她在列表里"躺尸"。

　　如果你真的有事情,就真诚地说,而不是以一句"在吗"开头,然后再利用别人的信任套路别人。

　　除了"在吗",还有"呵呵"和微笑表情,都让人觉得生厌。

　　我有个朋友特别爱发"呵呵",说着说着,她就会回一句"呵呵",我说了她很多次,这样给人的印象不好,会觉得你在装高冷,不好接触。熟悉你的人,或许知道这是你的习惯,不会在意太多。但是认识不久的人,他们虽然不会说出来,心里却会很介意。

　　微笑表情跟"呵呵"一样,也是一个让人看了就不舒服的表情,一个让人不想继续有下文的表情。

　　我每次和凯文聊天的时候,都感到特别舒服,感觉他很会聊天。比如,他会加一些小表情,或者加一些"啦""呀"之类的语气词,这样会让我感觉很亲切,也让我知道他跟我聊天,同样也是愉快的。

　　我们的关系一直以来都还不错,他有什么需要帮忙的,只要告诉我一声,能帮的我都尽量帮到。他对我也是一样,尽心尽力。几年的时间,我们变成了很要好的"兄弟"。

　　不论跟谁聊天,前面不一定要带有昵称,但一定要有个称呼。就好比有一次,我给我妈妈发微信,因为关系太亲密了,没有注意到细节,就直接说事了。

　　我妈妈虽然按照我的意愿帮我办了那件事,但是后面她却数

SHENGHUO
YAOYOUYISHIGAN
生活要有仪式感

落了我一番，说我一点儿礼貌都没有，长辈面前都不叫人，也从不加个"妈妈"之类的。

后来我一想，我妈妈教训得对。试想如果自己的女儿都不叫自己，而是直接说事，你会做何感想？平心而论，前面加个称呼，才是对一个人最起码的尊重。

信息聊天跟面对面聊天不一样，面对面聊天你能看见对方的表情，对方的喜怒哀乐，更能捕捉到对方的信息。但信息聊天你是什么都看不到的，看到的就是几个没有生命力的文字。所以，你只能通过添加一些令人开心的小表情，或一些让人愉悦的语气词来传递给对方，让对方知道你跟他聊天是一件很开心的事儿。

朋友之间不必有那么多的高冷，也不必有那么多的套路，只有真诚，才能换来别人的真诚。

如果是当面聊天，要尽量带一点儿微笑，不要三心二意，否则会让对方感到你不尊重他，或并不想跟他聊天。

小 A 平时是个不善言辞的人，跟人聊天时也有些生硬。每次跟别人聊天，他总是神情躲闪不定。聊着聊着，就开始了"神游"，经常接不上对方的话，让别人感觉他特别心不在焉，时间长了，大家都不爱跟他聊天了。

而另外一个人小 B，虽然他口才不是很好，但跟他说话的时候，你能感受到他的真诚。他跟你聊天的时候，从不会翻手机，开小差；他也不会去奉承巴结，他就是根据不同类型的人去说话。

每个人都觉得跟他聊天非常享受，不会觉得不开心。跟他聊

第 4 章
爱的仪式

天，会让人觉得很舒适、很温暖，所以他的人际关系也处理得非常好。

有温度的聊天，会拉近彼此间的距离。谈话时不需要你有多么高超的说话技巧，也不需要你像演说家那样能说会道，但却需要你跟别人聊天时有点儿温度感，让别人觉得你是可爱的。

爱让我们像个孩子

生活中看到过很多这样的场景，无论你是什么身份，处于何种地位，在爱情面前都会像个孩子那样可爱。

我以前有一个室友，她的脾气特别粗暴，说起话来也完全没个女生的样子，跟别人说话也总是一副要死不活爱谁谁的样子。总之，她那张"凶神恶煞"的脸上写满了我不好惹的表情。

她每次说话的时候，都会扯着嗓子喊，生怕别人听不见，并且语气强硬，一点儿都不柔软。很多时候，我们都没把她当女生看，总觉得她就是一个"粗老爷们儿"。

后来我发现她莫名地改变了，没人跟她说话的情况下，她一个人会傻笑，性格也变得柔和起来。

后来我们才知道，原是"粗汉子"恋爱了。虽然偶尔还是会在我们面前"癫狂"，但在外人面前的那副"狂人"模式，到了恋人面前就变成了一副羞羞答答、楚楚可怜的模样。

也许这就是爱情的魔力，只要在爱情面前，任何人都能变得像孩子一般，乖巧顺从，温柔听话。

我们公司的经理是一个雷厉风行的大能人，他平时总是一副死板严肃的脸孔，不苟言笑。公司里的同事都很怕他，人人都敬

第 4 章
爱的仪式

他三分。大家在工作上从不敢违背他的意愿，因为怕挨骂，他骂起人来不带脏字，但句句却像匕首，刺得人心痛。

就这么一个人，我们都觉得他不可能谈恋爱，也不会找到女朋友，因为他太"凶"了，肯定没有女生愿意跟他交往。

可我们偏偏想错了，他不但有女朋友，两人还特别恩爱。他们在一起三年了，但感情却甜蜜如初。

有一次下班，我看见他女朋友来接他。那会儿是冬天，天特别冷，他走出来看见他女朋友后，立刻握起她的手，放在嘴边哈气，并轻轻地给她整理乱掉的头发，这跟在公司见到的他完全不同，简直就是另外一个人附身。

爱一个人就是不管你是什么身份，不管在别人眼里你是什么样子，我站在你面前，你能立刻化身成一只温顺的小羊。

巧姐是我认识好几年的一个大姐姐，她为人贤淑，待人也很亲切。她今年 36 岁，前年才刚刚结婚。她老公比她小 5 岁，年纪虽然比她小，但却格外照顾她。

巧姐也算是用爱感化了她老公吧。她老公在别人的眼里，是个"小混混儿"，成天不务正业。这里的不务正业是 30 多岁的人了，却还像个长不大的"巨婴"。

他依靠家里生存，吃喝都是花家里的钱。他每天不出去工作，除了吃了喝，喝了睡外，不是跟他所谓的哥们儿晃荡，就是不干正事地到处玩儿。

父母偶尔说他，他就凶相毕露，大嚷着："你们既然把我生了下来，不就是让我为所欲为的吗？"父母拿他没法子，也不知

生活要有仪式感

道谁能管住他。

后来，在一次聚会上，他遇见了巧姐，算是对巧姐一见钟情。第一次见面后，便开始对巧姐各种追求。

巧姐听闻他的"事迹"后直摇头，他跑到巧姐面前说："你不能听信别人的话，我能改的，这一点你一定要相信我。"

巧姐还是摇头。

他急了，开始了疯狂地改变。他把不务正业的那股晃荡劲儿收了起来，跟他爸妈说能不能给他一个机会，他现在想好好地工作。

他爸妈当然开心了，于是把公司的业务这块分给了他，说："你就负责这块就行。"他说想从基层开始做起，这样有利于以后的工作进展。就这样，他成了他爸妈公司里的基层员工。

他对巧姐的喜欢没有减少，依然隔三岔五地跑过去跟巧姐报告他最近的生活和进展。巧姐慢慢地被他打动了，说愿意跟他在一块儿试试看。

以前没心没肺、不想事情的大男孩，跟巧姐在一起后，开始学着规划未来，学着做事负责，不再散漫。

结婚之后他更是顶起了半边天，他跟巧姐说，有什么事都由他来负责，他老婆只需负责"貌美如花"就行。

很多人都惊讶他的表现，曾经说他是"扶不起来的阿斗"的人也惊叹，到底是什么改变了他。到底是什么改变了他呢？或者是巧姐，但更确切地说，应该是爱吧。

在恋爱之前，我们按照自己的想法为所欲为，可以一个人孤

第 4 章
爱的仪式

单地与世界搏斗，也可以一个人做多种多样的事情。但是恋爱之后，一个人变成了两个人，彼此都想把最好的东西给予对方。

其实，只有爱对了人，才会让你像个小孩那般幸福。如果没有爱对，你只能永远都是受累的人。

我隔壁住着一位阿姨，她就特别幸福。她今年都快 40 岁了，可是透露出来的气息却像是刚满 30 岁的人，充满了朝气。

这一切都是她老公的功劳。从恋爱的时候开始，她老公便一直宠爱着她。用阿姨自己的话说，就是把她当作自己的闺女来疼。从不让她受半点儿委屈，风里雨里都呵护着她。她逢人就跟别人秀她的老公，秀他们之间的甜蜜。

大家都知道，上了年纪的人，还能经常把自己的老公拿出来夸一夸，是她老公真的对她好到了一定的份儿上，只有这样，她才会这么做。

她老公的爱，能让她像个孩子一样安心快乐。爱对了人，就是孩子，而且是一辈子的孩子。

在所有的爱情里，最好的爱就是能让对方像孩子一样，可以肆意地喜怒哀乐，不用藏着掖着，能让你每天都像活在蜂蜜里一样甜蜜。

SHENGHUO
YAOYOUYISHIGAN
生活要有仪式感

最好的爱是彼此舒适、自在

到底怎样才是两个人在一起最好的状态呢？我想大概就是彼此舒适，又相互自在吧。两个人在一起，最重要的就是相处方式，你觉得跟对方在一起舒适，那你的选择大概就是对的。

我认识一个女孩，她跟她男朋友相恋了5年，感情一直很好，没有摩擦，没有吵架，甚至连脸红都没有过。

我不禁问她："你是怎么做到的？"她说很简单，她玩她的，他玩他的；她忙她的，他忙他的，彼此独立又彼此依赖。

我很纳闷儿，恋爱不应该一直黏在一起吗？都分开玩了，还怎么交流感情呢？感情又怎么能长久呢？

她清了一下嗓子，然后接着说："这你就不懂了，一看你就没有恋爱的经验。"我翻了她一个白眼儿，让她继续说。

她说："两个人在一起，如果干涉对方太多的话，反而会让对方感到厌烦，因此需要给彼此都留一点儿空间。比如，他打游戏的时候，我在旁边美甲；他看电影的时候，如果正好碰上我也想看的话，那就陪他一起看；他要出去应酬，我就跟闺蜜一起出去逛街。总之，都要有自己的事情做，都不能闲着。试想，如果他做点儿什么，你一直黏着他、缠着他，时间长了之后，他一定

第 4 章
爱的仪式

会感到厌烦。

"两个人各忙各的,忙累了就抱在一起说说话,聊聊彼此遇到的趣事或是烦心事,像知心朋友那样给彼此分析,那种感觉真的特别好。"

她说完后,一脸满足的样子。

我瞬间懂得了她所说的既相互独立又相互依赖的含义了。好的爱情,不是时时刻刻都像鼻涕虫那样黏在一起,而是给彼此足够的空间。有事情的时候一起去解决,能玩儿到一起的就一起玩儿,不打扰,不纠缠;没话题可聊时就静静地待着,有话聊时就多聊一点儿。

女生也好,男生也罢,都应该给彼此留出足够独立的空间、独立的思考时间,只有这样,才能让爱情更持久。

前天有个女生给我的微博发来了私信,诉说她分手后的苦恼,字里行间全是委屈和怨恨。

女生跟她男朋友在一起已经两年了,但最近他们却分手了。她说觉得自己跟男朋友的感情非常好,从没想过会分手,分手前一点儿征兆都没有。

一点儿征兆都没有肯定是不可能的,所有的分手都是一点点琐事积累在一起,最后才爆发的。

我问她:"你们之间最大的矛盾点在哪里?"她沉默半晌都没有说出个所以然来。等了好久,她才像挤牙膏一样,一点一点地挤出来几个字:"可能是觉得我太黏他、太爱操控他了吧。"

怎么个黏法?时时刻刻都要打听对方的行踪,如果消息没有秒回，她就会疑神疑鬼，会质问他去了哪里。男生一旦感到厌烦，说话自然不会有好语气。语气一旦不好，两个人就开始了吵架。

　　她经常操控男朋友的一切，什么事情都不能逃过她的眼睛，但凡有一点儿她不知道的事，她就会歇斯底里地大吼大叫。

　　男生说："你不要总是这样。"

　　女生说："还不是因为我太爱你了。"

　　在女生的感情观里，爱一个人就是这样的，爱你就要让你知道我有多黏你，爱你就要让你知道我时刻都想操控你。

　　这显然是错误的，因为她爱得没有方法。男生觉得两个人在一起不舒服，于是就会产生离开她的想法，管你爱得有多浓烈。你绑着我、束缚我，就是对我的不尊重，我不快乐，就有权利要求离开。

　　最后，我问女生："有没有觉得自己哪里做错了？"她说好像知道了，又好像不知道。我只能回她一个微笑的表情。

　　没有舒适感，何来长久？再好的情感，也会因此分家。

　　就好比我自己吧，几年前也曾犯过类似的错误，几乎和上面女生的状况如出一辙。

　　那会儿我交了一个男朋友，异地恋，在不同的学校上学。我在北，他在南；我大二，他大三。

　　异地恋容易使人没有安全感，所以我的心一般都在半空中悬着，从没踏实地放下来过，因为安全系数实在是太低了。

　　无论做什么事，我都希望他开着远程视频和语音，好让我随时随地都能看到他的一举一动。包括他上课的时候，我也希望他能开

第4章
爱的仪式

着语音,哪怕他不说话都行。他说那样做不好,很容易分心,会影响彼此的学习。我那会儿特别爱无理取闹,他不同意我就发脾气。

一天下来,我们可以讲四五个小时的语音电话。

异地恋坚持了半年,他说想分手。我大声地质问他:"不是处得很好吗?你看我们每天都有说不完的话。"

他说那只是我的一厢情愿而已,都是他在陪我演戏。

我一听他说这话,整个人都崩溃了。

后来从他朋友口中得知,他经常找朋友吐槽,抱怨我把他看得太死,这让他很疲惫。听了这话,我有点儿茅塞顿开的感觉。

冷静了一段时间之后,我想了想,也许确实是我把他看得太死了,让他觉得自己一点儿自由的空间都没有。表面上是开着语音聊着天,实际上却是想知道他在做些什么,有没有跟别人鬼混。

他或许正是看出了我的小心思,识破了我的伎俩,所以才跟我提出了分手。

异地恋确实需要安全感,但安全感要得太满、要得没有分寸的话,就会出现不好的局面,就比如我和我的男朋友。

安全感是个很玄的东西,经营得好,你就会赢;经营得不好,你就会输。一份好的安全感,从来都不是对方全盘给予的。这里百分之百的安全感可以分为两半,一半是对方给的,另一半则是你自己给的。不要妄想都从对方那里索取。

恋人之间最好的爱情,不是你把我看得死死的,我把你看得牢牢的,而是我们各自忙各自的事情,你累了,我给你一个微笑;我累了,你给我一个拥抱。

期待太满，会有伤害

堂哥和堂嫂结婚已经 8 年了。

一开始，双方的父母都不同意他们的婚事，他们各自有各自的理由。可年轻人就是这样，你越是阻拦，他们就越是起劲，越是非爱不可。

在双方父母的横加阻拦下，他们的感情却更加深厚了，你侬我侬的根本分不开。

那会儿流行写 QQ 邮件，堂嫂有一封没一封地给堂哥写，堂哥也有一封没一封地进行回复。他们把悲喜全都写了进去，并承诺要给对方写一辈子。后来他们的父母深感无法阻挠他们，于是只得勉强同意他们的婚事。

他们结婚的那天，两个人都醉得一塌糊涂。两个人都太开心了，醉得连自己在哪儿都不清楚。

婚后的生活跟普通人一样，柴米油盐，鸡零狗碎，但堂嫂依然深爱着堂哥，她会把自己的心情邮件写好收藏起来。而堂哥呢，显然早已忘记了当初的承诺，把写甜蜜邮件的事抛到生活的琐碎里去了。

堂嫂偶尔也会埋怨堂哥，埋怨他说话不算数。但堂哥却一

第4章
爱的仪式

脸无所谓的样子,还说那就是年轻时的过家家,怎么能一直当真呢?

堂嫂听完后很生气,一连三天都没有理睬堂哥。她坐在书桌前,打开电脑,重新翻看了以前他们俩相互通信的邮件。明明那么美好,明明说好期限是一辈子,可另外一个人却已经变了。

堂嫂知道堂哥年轻时的那种浪漫情怀早就消失不见了,她为此感到失落,但也毫无办法。

偶尔她会偷偷地抹眼泪,但却不会在明面上跟堂哥再次说及以前的事,因为她知道即使她说了,堂哥也无动于衷。

不太期待一件事,心里才不会落空;过于期待,总会让自己的心像是被割伤一样的疼,疼过之后还要慢慢地自我愈合。

我有个好友,她跟她男朋友恋爱已经三年了,说好第五年就结婚的。可还没熬到第五年,他们就分手了。

我问好友为什么要分手的时候,她不咸不淡地回了我一句,就是想分手,没有太多的理由。

后来在我的软磨硬泡之下,她才说出了缘由。

他们分手的原因其实也不是什么太大的事情,都是生活里的一些琐碎,可是好友还是提出了分手。

好友说分手是因为她男朋友没记住她的生日,被他给忽视了。

他们认识的第一年,正是好友快要生日的时候,她的男朋友给她过了一个很浪漫的生日,导致她一直难以忘怀。

她男朋友先是骑着自行车带着她绕湖一圈,边骑边喊"刘蕊我爱你",附近路过的所有行人都在看着他们,好友觉得那些人

生活要有仪式感

投来的目光，都是祝福。

等取了生日蛋糕，回到家之后，她男朋友拿出周杰伦所有的专辑给她，因为好友从13岁开始就特别喜欢周杰伦。然后她男朋友亲吻着她的额头，告诉她他非常爱她。

他们一直熬到凌晨12点，等好友的生日过完之后，他才肯去睡觉。他说一定要完整地陪伴她过完生日才行。

第二年的时候，好友生日临近时，她满心期待着今年的生日惊喜。她知道男朋友很爱她，一定会再次给她一个生日惊喜的。

可她等了半天，却只等来了一个"520"的红包，外加一句"生日快乐"。他说他忙，今天不能陪她一起过生日了，晚饭让她自己先吃，不要饿着肚子……

好友满脸失望，没吃饭、没洗漱就上了床，一个人失眠到半夜，都没有等到男朋友回来。

直到第二天晚上8点，她男朋友才匆匆忙忙地回了家，进门一边脱鞋，一边跟她说对不起。

他知道的，她要的不是对不起。他走过去，轻轻地安慰好友，让好友再给他一次机会，他现在只是在为他们的未来奔波，以后一定会给她补办更好的生日。

好友满是失望的心情一点点地复活了过来，并原谅了她的男朋友。

她再次把这些好听的话当成了他的承诺，以为说出口的承诺就会有兑现的一天。但现实却不是这样的，不是她怎么想，现实就会怎样。

第 4 章
爱的仪式

第三年她生日的时候,她男朋友不但没有做到第二次承诺的事,反而变本加厉,直接给忘了,连一句生日祝福都没有。

好友期待很久的心愿落空了,心里别提有多憋屈了,但她在遭遇第二次事件以后,完全难过不起来了。

她男朋友再次以忙为借口来解释他忘记好友生日的原因。好友一句话都没说,直接将行李打包好,离开了他们共同居住的地方。

好友发了很长的信息给她的男朋友,说白了就是分手信。她说:"所谓的忙,不过就是对我没有当日那份热情了。不然再忙,你也会记得,也会有所准备。第一次我生日的时候,你不忙吗?白天你去参加那么多场会议,疲惫不堪,晚上却还是骑着自行车来接我。如今这么多的借口,其实只是心变了而已。"

没熬到结婚,两个人就散了。每次满满的期待,在化作伤痕之后,你便会对每次的期待缩小一点儿。

小宇曾经也是一个有着无限憧憬的人。

她跟她的男朋友是异地恋,但他们每个月都会定时见上两次,不是她去,就是她男朋友来。

每次见面前,小宇都无比期待。她会去商场选购漂亮的衣服,会精心挑选每次见面时要送给男朋友的礼物。

异地恋其实很苦,只有在见面前的那一刻,才能释放所有的甜。

有一次跟往常一样,到了约定见面的日子。

在见面前的那个晚上,她男朋友忽然告知她临时有事,他被

SHENGHUO
YAOYOUYISHIGAN
生活要有仪式感

小组派到另外一个城市出差。小宇问他可以不去吗？他说不行，因为这关系到他升职。

小宇在电话里佯装镇定，挂了电话之后，眼泪却止不住地往下流。自己盼了那么久，却空欢喜一场。

太过执着地期待一件事情，期待落空了便会难过、心痛。但爱情里也正是因为那点儿期待，才会将你原本空空荡荡的心填得满满的。

SHENGHUO
YAOYOU
YISHIGAN

第 5 章
精致如斯,点缀岁月

生活上不去将就,要学会好好地善待自己;不要去凑合,要学会好好地爱自己,让自己活成一个既精致又规矩的人。

SHENGHUO
YAOYOUYISHIGAN
生活要有仪式感

过去值得回忆，当下值得珍惜

萧珊病逝之后，巴金悲痛不起。他把她的骨灰盒放在自己的枕头旁边，日日擦拭，以表哀思。

后来他打起精神，创作了几部关于萧珊的作品，把所有寄托的文字，都写入了作品里。

他知道自己不能一直这么沉沦下去，过去的固然重要，但日子还要继续，他只能把最珍贵的回忆放在心头，精神一点点地恢复起来，不然后来就不会有那么好的作品问世。

徐志摩飞机失事之后，陆小曼悲痛不已，整个人形销骨立，连站都站不稳。平常特别爱参加交际活动的她，不再出门交际，而是大门不出、二门不迈，素衣裹身，终日伏案整理《爱眉小札》《志摩日记》和《志摩全集》。

她说她不想回忆，更不愿回忆，不管以前所遭遇的是什么，不管是甜的还是悲的，她都跟随着徐志摩一起消失了。

经历过的，就是发生过的，不管你承不承认，它都存在过。只有把它放在心底最深处，偶尔拿出来回忆一下，才算对得起过去的经历。

过去的可以回忆，但是当下的却需要加倍珍惜。因为当下，

第 5 章
精致如斯，点缀岁月

早晚也会成为另一个过去。

好友杨梅最近频繁叫我陪她出去喝酒，她说自己抑郁好几天了，不喝酒麻醉下自己的神经，感觉自己早晚会死掉。

我心疼她，所以她每次叫我出去的时候，我二话不说就跟她一起出去了。她整日买醉，是因为她谈了三年多的恋爱，最终却没能敌过岁月的琐碎。

她跟她男朋友大一的时候就在一起了，一直到大四毕业，算得上是一段美好的校园恋爱。

她喝了一口酒，两眼泪汪汪地说，一切都快熬过来了，却败在了毕业季。本来一切都规划好了的，毕业后，他说他跟她留下来一起奋斗，哪里都不去。结果他心仪的公司给他发了 offer，他就跑了。跑了也没什么，只是整日忙着忙着，就把她给忘到脑后了。

杨梅和她男朋友有过不少浪漫的回忆。

他们一起存钱去过湖南的凤凰古城，也一起去过厦门的鼓浪屿。存钱的那些日子，他们共同吃一份饭，用同一台电脑。热门电影上映时，他们会买单人套餐共同享用。能怎么省钱，就变着法儿的节省。

他们鼓励对方，周末时一起去图书馆看书，考试时一起复习。放假期间，他们就用平时节省下来和做兼职赚的钱出门远行，或是这次去你家，下次来我家。

本以为一辈子都不会分手，杨梅说这话的时候浑身都在颤抖："我把整个青春期的恋爱都给了他，结果却匆匆地收了场。"

SHENGHUO
YAOYOUYISHIGAN
生活要有仪式感

整个过程中,她不断地重复着一句话:"恐怕再也遇不到了。"我把酒杯凑向她,跟她碰杯。

我耐心地安慰她,说:"怎么可能遇不到更好的呢?只是你现在这么认为而已,最好的永远都在最后面。只是放不下之前的,更好的就没办法与自己相遇而已。"

隔了差不多半年后,她说自己已经愈合了,可以开始一段新的恋情了。我笑着给了她一个拥抱,说就知道她可以做到。

在过去的半年里,她拒绝了很多的追求者,其中不乏很优秀的人。只是她那时候过于悲痛,不管怎么优秀,都走不进她的心里。

现在她释怀了,也打开了心里那扇大门,那些原本会属于她的幸福,早晚都会一点点地跑进去。

过去的只是过去,你不可能为它永远驻足,只能偶尔回望。它只是你的一份回忆,而不是你未来的全部。

以前认识一个人,是我远方叔叔的表妹,叫葡萄。

葡萄31岁那年遇到了她觉得能一辈子在一起的人,只恋爱了一个月就结婚了。别人问她为什么那么急,她说遇对人了,哪怕只认识一天,也可以马上嫁人。

很多人都在等着看她的笑话,因为她的草率肯定会换来不幸。但事实却证明那些人全都错了,因为他们过得很幸福。

葡萄的老公待她很好,什么活儿都抢着干,包括赚钱和家务活儿。葡萄幸福得不得了,在第二年就怀了他们的大宝。

所有的事情如果能按照既定的轨迹发展下去的话,那人就会

第 5 章
精致如斯，点缀岁月

少很多的痛苦。葡萄的幸福只延续了三年，她老公因为一场车祸去世了。

她老公刚去世时，她整整三天不吃不喝，整个人都脱了相。但凡见到她的人，都觉得她可怜。

大家都安慰葡萄，说："没事的，一切都会过去的。你要好好的，不然你家大宝可怎么办啊？"

葡萄只在听见"大宝"这个名字时，眼睛闪了一下光，但很快那束光就暗了下去。

后来葡萄怎么样了呢？她一个人带着大宝生活，没有再嫁人。虽然她才30多岁，还很年轻，但她就是不愿意再嫁人了。

别人给她介绍了无数个对象，都被她摇头拒绝了。不是她看不上人家，而是她不想再嫁了，她总觉得没人能比得上那个给过她无数疼爱的男人。

有人问她："你就打算这么一直过下去吗？"她点点头。

"即使你不累，你家大宝也会累的，还是早些做好打算吧。"大家这样劝她。

固执如她，哪怕日子再苦，她都没有抱怨过一句。时间一长，再也没人催她结婚了。

现在她40多岁，依旧孑然一身。对她说什么的都有，有的说她有骨气，"宁缺毋滥"；也有的说她犯傻，不识时务。

别人的说法都不重要，因为日子是自己过出来的。葡萄放不下过去的那些事情，放不下就代表着不能接纳新的事物，那些好的东西也就难以走进她的生活。对此，我们不如敞开自己的心

**SHENGHUO
YAOYOUYISHIGAN
生活要有仪式感**

扉去接纳，试着去接纳别人，既给别人一个机会，也给自己一个机会。

好友木仁经常跟我说，过去的要好好珍藏，现在的要好好珍惜，这样才不会愧对岁月。

我想了想，生活何尝不是如此呢？过去的总会过去，未来也总会到来。你想要过怎样的生活，都取决于你自己。

第 5 章
精致如斯，点缀岁月

趁年轻，多些经历

你的想法不能一直被某些因素禁锢着，你应该胆子大一点儿，把它们都释放出来。你足够年轻，应该风雨无惧，而不是表现出一副做什么都不行的样子。

有时候想做的很多，但是却因为各种原因叫停了自己的脚步。

生活里，有一部分人活得特别潇洒，有一部分人活得特别落魄。潇洒与落魄之间，差的就是一个"勇气"。

几年前去大理的时候，认识了一个特别潇洒的男生。为什么说他潇洒呢？是因为他是个"我行我素"的人，想到什么就去做什么，绝不拖泥带水。

就拿旅行来说，很多人可能会等到有足够的假期、手里有足够的钱时才会动身去旅行。但是他呢？即使手里没有足够的钱，他也会出去旅行。

没钱怎么办呢？第一步是"紧衣缩食"，提前订最廉价的航班。他可以为了那张机票，从早上蹲守到第二天凌晨。

解决了第一步，接下来就是比较花钱的住宿问题。他不挑剔，不一定非得住宽敞的大房间。为了让嘴里多几个故事，为了

生活要有仪式感

让眼睛多看几眼风景，他可以让身体"委曲求全"。

再不济，他就跑到旅行的地方打上十几天零工，赚点儿旅途的花费。

你总是说出去没钱、没时间，可人家比你更没钱、更没时间，但却能想着法儿地出去旅行。

你可能觉得他不够潇洒，但他身上却比别人多一些行动力，而且还能看到他身体内装有很多别人所没有经历过的故事。

一年时间，他起码有三个月在外面。他的脑袋里装有很多关于人文情怀的故事，只要稍一倾斜，就会有很多不错的故事讲出来给你听。

我问他下一站打算去哪里，他说想去台湾做环岛旅行，然后再骑行去西藏。旅程中他碰到过很多有意思的人，相互比技能，相互讲故事。看到那一幕的人，都会特别艳羡。

他说就是想趁着年轻，多出去看看。因为以后不知道会遭遇什么变故，可能想出来也难了。不如趁着两条腿还能迈得动的时候，多出去走走。

我之所以佩服他，是因为很多人没有他那样的勇气，不是赚的那点儿钱舍不得花，就是攒的那点儿假期不够，总之有各种理直气壮的理由，来反驳自己想去做的事。

旅行只是众多事情中的一件，很多人也会因为其他的顾虑，对自己要去做的事情迟迟不付诸行动。

比如我有个同学，特别想当一名律师，一直想去考法律职业资格证，来实现自己的律师梦。但他是个胆小鬼，别人一说"你

第5章
精致如斯，点缀岁月

考不过""这太难了"之类的话，他就会打退堂鼓。

这边心刚热起来，那边心就又凉了下去。梦着梦着消失了，做着做着害怕了。律师梦没有实现，老老实实地重新回到了原来的工作岗位上。

你怕什么呢？你还那么年轻，大不了失败几次，重新再来就是，对自己一点儿损失都没有。没有勇气开始，就潦草谢幕，这是懦夫的行为。

路遥说过一句话："生活不能等待别人来安排，要自己去争取和奋斗。"

别人安排不了你，任何事情也安排不了你，只有你反过来去安排别的事情，你的生活才会变得精彩。

就比如我的一个发小儿静之。

静之从小就是一个乖乖女，什么事情都会听从父母的安排，包括考学、选择报考专业。

静之真的愿意被人这么安排吗？其实不是的，她的乖乖女形象只是做给父母看的，想博得他们的欢心而已，不然她的"反叛"情绪就不会在选择工作时跳出来。

她父母一心想让她留在家乡工作，作为她的好友，她爸妈也给我打过不少电话，让我给她做思想工作。我表面上点头答应，私底下却跟静之说一定要坚持自己的想法。

静之也下定了决心，想着自己才22岁，要是一直都被困在这座小城里，她实在是不甘心。不出去看看，总觉得读过的书都白读了；不出去闯闯，上过的学也白上了。

生活要有仪式感

她父母给她做各种思想工作，列举了外面生活多么不容易，离家人远了出了事情也照顾不了她，等等。静之对这些都不在意，她说有能力照顾好自己。

别人嘴里说的，终究只是一堆没有营养的词汇，也只是不痛不痒的故事。只有自己经历过了，才是真正的风景，那感觉和别人说的完全不一样。

最后，静之在我的帮助下去了上海，告别了她的家乡和父母。一个想去经历的人，你是没有办法阻止她的，你瓦解不了她的意愿，除非她不想这么做。

因此，趁年轻多给自己一些动力，增加一些自己的阅历，让自己痛痛快快、潇潇洒洒地去做一些事情，活出不一样的人生。

第 5 章
精致如斯，点缀岁月

生活，从来都不凑合

前一阵我的胃病犯了，我妈妈一边给我递药，一边骂我。数落了我 20 分钟都没停歇，大意无非就是我不按时吃饭，一点儿都不知道心疼自己的身体之类的话。

我虽然嘴上反驳她，但内心却十分认同。我确实一点儿都不好好爱自己，生活一直在将就着，忙的时候，顾不上吃饭；等吃上饭的时候，已经是饭点后的三四个小时了。

有的时候，吃不上热乎饭，就吃面包和薯片，泡着可乐喝。长期不健康的饮食，终于把我的胃折腾坏了。

不仅如此，除了胃之外，长时间的伏案工作也引发了一堆的毛病。平时妈妈都会督促我去运动，但只要她不督促，我就会犯懒，一天都不踏出大门一步。

胃好没多久，又被检查出血管太脆弱，没有弹性。医生语重心长地对我说，一定要多运动才行，不然血管恢复不过来。

可是我呢？虽然耳朵在听着，但身体却该怎么放肆还是怎么放肆，对生活该怎样敷衍还是怎样敷衍。

有多少人跟我一样呢？每天急急忙忙，不爱惜自己，能凑合就凑合，能将就就将就。跟自己说一声对不起吧，亏欠自己的太

SHENGHUO
YAOYOUYISHIGAN
生活要有仪式感

多了。

　　有了第一次凑合和将就，就很容易出现第二次和第三次，只有在第一次它即将要发生的时候杜绝它，它才不会一直恶意滋生下去。

　　不只是我，我的闺蜜跟我也差不多一个德行。

　　她比我更夸张一点儿，一年365天，几乎没吃过早餐，她说早就养成习惯了，一吃早餐就会吐。后来索性不吃了，只吃一个苹果。中餐呢，千年外卖，怎么辣怎么来。晚上如果来不及，就用方便面解决。她家里的灶台起了一层灰，从不舍得动手给自己做一顿饭吃。

　　我妈妈说我们俩都是懒死的，而不是被生活折磨死的。现在想想妈妈说的话，觉得挺对的。

　　我每个月还会出去跑两次，而她比我更甚，从来能不动就不动。我叫她，她总说累，动不了，我也没辙。

　　好不容易有点儿休息时间，她只愿意与手机做伴。日子一点点变得粗糙，她却浑然不觉。

　　她还喜欢熬夜，是熬夜界的高手，没什么事都能熬到凌晨3点才睡觉。年少的时候是这样，现在快30岁了还这样。日子在她那里过得无比随意。

　　但随意也给她带来了惨痛的后果。

　　后来有段时间，因为长时间低烧，她去医院做了检查，被查出肝肾有问题，还伴随着各种并发症。这一检查，把她吓得直哆嗦。

　　她跟我说她还不能死，得快快乐乐地活着，不能再活得那么

第 5 章
精致如斯，点缀岁月

放肆了，也不能再活得那么凑合了。我说那行，相互监督，一起努力，把日子过好，把身体养好。

因为受了生活一记闷拳，我俩都开始积极起来。一日三餐都吃得很精致，按照专家所说的，每天一斤蔬菜、半斤水果下肚，开始有模有样地生活起来。

那段时间，我们的气色还有各方面的状态确实好了很多。其实只要自己下定决心把日子过好，就一定可以做到，就看你自己能不能控制住自己的心魔。

生活不能凑合，不然受到伤害的就是自己。就比如你不好好吃饭，不好好睡觉，就一定会有各路"妖魔鬼怪"来侵蚀你身体内的细胞，让你的身体一点点地变坏。

我有一个同事，和我们以前的身体状态差不多。她在销售部，业务指标高，压力也相对较大。

我很少在工位上看到她的人影，她不是在会议室，就是在跑客户。前天听说她病倒了，我特别惊讶，因为在我看来，她的身体一向很好。

听另外一个同事说，她突发脑溢血住院了。其实这个同事很年轻，今年才 27 岁。

我也从别人的嘴里得知了她的一些事。她长期熬夜到凌晨 2 点才睡，第二天又很早就起来开始工作，大概有两年时间一直如此。周末的时候她会睡到下午 1 点钟，不吃早餐，只吃中餐和晚餐。而且吃的那两顿饭，也都是订的外卖。

后来，随着薪水的提高，工资越来越丰厚，她也就越来越忙。从以前的一日两餐，变成一日一餐半，或一日一餐。

生活要有仪式感

她犯病的前一晚还是好端端的一个人，前天在办公桌上处理事务忙到凌晨1点半，在床上刷了半个小时的手机。第二天早上起床就不对劲了，首先是脖子剧烈地疼痛。五秒钟过后，后脑勺儿像被针扎了似的，感到丝丝的疼。然后身上紧接着出冷汗，她意识到自己可能完了……再接下来，她就出现在了医院的病房里。

不好好生活，不好好爱自己，只爱一堆金钱的人，是不会得到生活的眷顾的。只有合理安排时间，抽空多关心一下自己才行。

我还有个朋友，他忙起来简直不要命，有一次居然连续三天没洗澡，而那时还是炎热的夏天。

说出来你可能会觉得有点儿夸张，但事实如此，他说实在是没时间，甚至把上厕所的时间都给缩短了。他以前喜欢上厕所的时候打游戏，现在早把游戏卸载了，为的就是能节省点时间。

健身、阅读那一类的，也全部被他安排到了下一个季度。可到了下一个季度，他依次类推，到最后也没有实施他的计划。

人那么匆匆忙忙地赚钱，可自己在生活里却活得那么粗糙，那赚钱的意义又在哪里呢？实在是让人费解。

你一边说爱自己，一边又亏待自己；一边说要好好生活，一边又疯狂地敷衍生活。

你"玩弄"生活那么多次，它一次不"玩弄"你那肯定是假的，只是它的"玩弄"要比你狠得多，会让你付出足够大的代价，会让你为此而后悔。

所以，生活上不要去将就，要好好善待自己；不要去凑合，要好好爱自己，让自己活成一个精致又规矩的人。

第 5 章
精致如斯，点缀岁月

有品质的生活

别一看到"品质"这个词就怕了，以为这是有钱人的专属。如果你是这么想的，那你就错了，因为任何一个人都可以过有品质的生活。

就好比林清玄说的这一段话："品质不是某一阶层、某一地区，或某一时代的专利。古人也可以有生活品质，穷人、乡下人、工匠、农夫都可以有生活品质。"

你怎么去理解它，它就有怎样的解释，并不是非得有钱，给你提供好的物质基础，才叫过上了有品质生活。

相反地，你内心富足，你自信地生活，这也是能体现生活得有品质。

就比如我认识的一个老大哥，他是文学爱好者。为什么这么说呢？因为他的书房积攒了一万多本书，完全是一间小图书馆的规模。

他虽然没有在物质上很富有，但他舍得在书本上花费巨资，可知他对生活的热爱程度。要知道，一个热爱读书的人，是一定热爱生活的。

生活品质很简单，不是在别人的比较中得来的，而是由自己过出来的。林清玄说:"真正的生活质量,是回到自我,清楚衡量自己的能力与条件,在有限的条件下追求最好的事物与生活。"

那位老大哥就是在自己的能力范畴内,去追求有趣的精神生活,他的生活就算得上是有品质的生活。

我们楼下有一个大姐,她是一个特别普通的工薪阶层,离异,独自带着孩子生活。

孩子的父亲偶尔会给点儿生活费,但不多,最主要的生活来源,还是大姐的工资。

不管日子再怎么苦,每周二、四、六的晚上她总会给儿子做一顿红烧肉,另外再炖一条鲫鱼。就那么两三道菜,她都能变着花样做出很多特色来,而且每道菜都美味可口,儿子特别爱吃。

她总能用最少的钱淘到最好的东西,善于发现别人发现不了的美好。

她把他们那40平方米的房子收拾得干净整洁,一尘不染。窗帘是她在旧货市场淘回来的,钱虽然花得不多,但料子质地特别好,一点儿都看不出来是别人使用过的。

她喜欢做手工活,会把做手工活儿赚的外快都用在儿子所需上。

邻居的另外一个姐姐每个月赚的钱也不是很多,而且常年要把工资的三分之一寄给家人,这导致她本来就不富余的钱财变得更少了。

但你从她的外形上看,却看不出她是一个日子过得很窘迫的人。相反地,她给人一种相当雅静的感觉。

第 5 章
精致如斯，点缀岁月

虽然她那几件来回换洗的衬衣，因为时间太长，只剩下薄薄的一层，稍用力拉扯就会破了似的。但却特别整洁，穿在她的身上没有一点儿廉价的感觉。日子虽然清贫，但她也会用空闲的时间读书，点缀自己的生活。偶尔会用书本里的知识，跟别人讲故事。

别人问她生活过得怎么样？她说很好啊，对未来的日子有无限的憧憬和热爱，一点儿都不觉得苦。

上次我去贵州出差，上了一辆出租车，遇见一个40多岁模样的师傅。一进他的车，就有一股清淡的芬芳扑鼻而来。

我说师傅你一看就是特别热爱生活的人，师傅听了之后咧开嘴憨厚地笑了笑，他说："乘客舒服，我也舒服，做一些力所能及的事，大家都舒服，何乐而不为呢？"

他车里的音响中传出来欢快的歌曲，让人觉得不是来工作的，而是来度假的。

大家都知道出租车师傅的工资并不是很高，尤其是在小城市。但他却没有对乘客爱搭不理，从我上车一直到下车，他都保持着一副很温和的态度。

一路上我都特别爱跟他聊天，因为他是友好的，你感觉跟他聊天很有趣。

他说虽然赚得不是很多，可每天想着有一个爱自己的妻子、一个懂事的儿子，他就会觉得很幸福。

用自己赚的钱给家人花，每一分都花在刀刃上，他觉得这是一种幸福。他的话没有愤世的感慨，都是感恩的话语。

生活要有仪式感

我知道他生活得很轻松很惬意，要比大多数人都开心，起码精神上如此。

我乘坐过不少出租车，遇到过很多骂骂咧咧的司机，也坐过一上车就能闻到满是酸臭味的破旧车。

他是我遇见过为数不多的热爱自己、热爱别人、热爱生活里一切的人。

下车时，我跟他隆重地告别，虽然知道下次或许不会再遇见他，但却希望能时刻记住他对生活的热爱程度。

什么是品质生活？是钱买不来的对生活知足的态度，是金钱换不来的对生活热气腾腾、充满信心的爱。

讲到这里，我自然不能忽略掉住在我们家不远处的一个婆婆。婆婆今年70多岁，丈夫在她50岁的时候去世了。

她退休后，一直自己生活，没有跟儿女住在一起。即便儿女多次要求，希望婆婆跟他们一起住，但却都被婆婆一口否决了。

婆婆拒绝的理由相当霸气，她说："年轻的时候就围着你们转，现在丈夫不在了，你们也长大了，我也该有个自己的空间了。"

儿女听完后，也就不再强求了，而是隔三岔五地来看看婆婆，看婆婆有没有生活不便的地方。

婆婆一个人住着，活得相当自在，早上起来逛逛公园，回家后听听广播。每天会定点擦拭桌上那张照了20多年的全家福，偶尔也会对着老伴的照片说几分钟的话。

屋子被她打扫得干干净净，那地板锃光瓦亮的，小孩子甚至

第 5 章
精致如斯,点缀岁月

可以在地板上打滚儿。

她也会去逛逛附近的花市,买几盆多肉植物回来悉心栽培,她哈哈大笑地对人说,自己最喜欢绿竹,因为特别好养。她笑,大家被她感染地跟着一起笑。

她一个人过得有滋有味,她说幸福跟钱的多少并无直接关系,重要的是要有一双发现美的眼睛,和一颗想把日子过活的心。

或许品质生活正是如此吧,并不是只有大富大贵才能点缀你的生活,让你更加快乐。快乐本身跟那些没有太大关系,有关系的是,在琐碎的生活里领悟出快乐的真谛。

扛过一切悲伤

前天凌晨，我发了一条朋友圈，没有图，只有一串文字：生活会好的，一切都会好的，不是吗？

没过 5 秒，一个朋友就给我发来了私信，她说真的会好吗？明天真的会变得很美好吗？

我回她，是的，一定会的。只要你坚信，就一定能够变好。她隔了很久都没有回复我，从她的语气来看，我想她一定是遇到了难事。

在凌晨别人都睡下时，我拨通了她的电话。电话那端一直到系统快要自动挂断的时候，她才接。

我听着她那边有小声的啜泣声，应该是她刚哭完。我没有先发问，而是等她主动开口讲话。大约过了一分钟，在稳定了自己的情绪后，她才开始讲话。

如我所料，她确实遇到了一些难题。因为一点儿小问题，她被公司炒了鱿鱼，整个人处在极其脆弱的时候。恰好她妈妈又一个劲儿地电话轰炸，让她回老家。

一边水深火热，另一边火热水深。刚刚失去工作，又来一遭烦心事，她正处在焦灼的状态中。

第 5 章
精致如斯，点缀岁月

越想越悲伤，越想越难过，想着想着，觉得自己好像废物一般，什么都处理不好。

她跟我说，她这种人大概没有明天吧，遇到一点儿小事就会方寸大乱，失去阵脚。

她当初离家的时候，信誓旦旦地说要做一番成绩的，怎么会轻易回到故里？可现在呢？现在干了三年的工作，说没就没了。

良久之后，她问我："你觉得一个人悲伤过度时，真的会慢慢好起来吗？"我反问她："你有见过一直活在悲伤里的人吗？"她说"没有"。"那不就对了吗，任何艰难时刻，一定会过去的。"

挂电话前，她跟我说了谢谢。我再次叮嘱："一定会好起来的。你乐观、你坚强，慈悲都会对你格外开恩。"

前段时间，我和一帮朋友玩真心话大冒险，但游戏里规定只玩真心话，省略大冒险，因为彼此都是熟人，说真心话比较实在。

一轮下来，桃子输了。我们都让毛哥提问，因为就属他"馊主意"最多。

但万万没想到的是，他在这个游戏里问了一个超正经的问题。他问桃子："你生活中最难的时候，是怎么挺过来的？"

桃子也没想到毛哥会问这样的问题，但还是清了清嗓子，作了回答。

大概是两年前，她积蓄被骗，身无分文，考计算机也挂了科，觉得世界对自己一点儿都不温柔。那几天她每天都会哭，睡醒了哭，哭累了睡，眼睛肿得跟桃子一样大。

那可是她整整几年的积蓄啊，都是辛辛苦苦打工的人，每一分钱都是自己辛苦积攒起来的，那些钱里，有很多自己的规划。

生活要有仪式感

比如，要给妈妈买一件羊毛衫大衣，要给爸爸 3000 元当作生日礼物，要去一趟印度德里，剩下的攒钱来买房。

可一瞬间这些就化为了乌有，没有任何征兆。紧接着考试成绩出来了，她榜上无名。

"你能想到大石头忽然砸下来的感觉吗？我就是那种感觉，砸下来，把你砸得粉身碎骨，又让你残留着意识，受尽折磨和痛苦。"

吵吵闹闹的氛围一下子变得莫名的安静，大家都听得很认真。听完之后，似笑非笑地跟桃子说："你还有那么惨烈的故事啊。"

桃子笑了笑，说："都过去啦，你们看，我现在没事了。"现在是没事了，但当时一定很难受吧。多亏了她勇敢和坚强，才让她再次站了起来。

虽然众人跟桃子认识有些时日了，但她那段艰难的岁月却跟谁都没有提及过，直到今天的游戏中，大家才知道。

桃子说完之后，我问毛哥："你会问这样的问题，是不是你曾经也经历过很难的事情？"

毛哥迟疑了一下，回答说确实如此。毛哥嘬了两口烟，喝了一口啤酒，慢吞吞地说出了他的故事。

他特别坎坷。他有个间歇性精神病的爸爸，好在他爸爸很爱他，不发病的时候，知道他是自己的儿子，有什么好东西都塞给他。

有一年冬天，他爸爸失足掉进河里淹死了，他成了一个孤儿。他的妈妈很早以前就改嫁，不知道跑到什么地方去了。

大一那年，他的健康出现了问题，各种不好的事情一下子都

第 5 章
精致如斯，点缀岁月

跑了出来。他的肺结核病、肝功能不全、胃病，在一次体检里都暴露了出来。

这些都如晴天霹雳，对于一个无父无母且家庭贫困的人来说，他能怎么办呢？光一个肺结核，每个月的花费就近万元，还不包括治疗费。起码需要两到三年的疗程，这些都是庞大的数字。这还不包括其他的病，具体要花多少钱，才能换回自己的健康，他想都不敢想。

他想到的最好方法，就是休学一年养病。病治不好的话，就不治了，随它去吧。

借钱、治病、养病，成了他每天的任务。还没开始赚钱，一大堆债务就压在了他的头上，这个还未踏入社会的年轻人开始感到绝望。

后来呢，他一边在黑暗里感受着绝望，一边又在阳光下苟延残喘，活着活着就活过来了。

现在他还欠一部分钱，他说慢慢还就好了，只要还活着。我们不想让毛哥觉得是在可怜他，而流露出那种怜悯的眼神，我们嘻哈着在酒杯里祝福他获得新生。

我们多多少少都会遇到绝望，人生不可能永远都是坦途，因为坎坷的才是人生。

扛过一次悲伤，你就会觉得第二次的伤痛无论多么坚硬，都伤害不了你。

生活皆苦，但没关系，因为你我皆甜。我们只要努力挨过每一个艰苦的时刻，就能看见不远的地方会亮出一缕曙光。为了那一缕曙光，我们也要挺住。

SHENGHUO
YAOYOUYISHIGAN
生活要有仪式感

只要足够努力，生活就会有惊喜

一直都记得那个国王打猎的故事。

国王爱好打猎，某天他像往常一样去了森林打猎。他看到一只花豹正在奔跑，于是弯弓搭箭，一箭将其射倒。

国王很开心，见花豹倒下了，立刻上前查看。哪知花豹还没有彻底死亡，它用全身的最后一丝力气，咬掉了国王的小手指。

国王郁闷不已，找来宰相借酒消愁，诉说自己的抑郁之情。宰相大笑，安慰他无所谓的，一切不过是最好的安排而已。

国王听完宰相的话后大怒不已，心想自己都受伤了，宰相非但不同情，还幸灾乐祸。国王一道谕旨，把宰相关进了大牢。走前，国王对宰相说，把你关进大牢也算得上是最好的安排吗？宰相依然微笑着回答当然。

时隔一个月，国王手上的伤差不多痊愈了，他到一片山林，准备再次打猎，不承想却被一群土著人给抓了回去。

土著人抓他的原因很简单：因为恰逢土著人要找祭祀满月女神的牺牲品，国王刚好撞上。土著人要把国王活活烧死，以示尊敬。

国王吓得面容失色，心想可能活不过今晚了。正准备烧他之

第 5 章
精致如斯，点缀岁月

时，其中一人发现他没有小手指，便放了他，因为祭祀不能用身体有残缺之人。

国王侥幸逃过一劫。

他这时才想起宰相的话，一切都是最好的安排。他回去的第一件事，是立刻把宰相从监狱里毕恭毕敬地请了出来，告诉宰相事情的来龙去脉。

宰相依旧大笑。

国王随即又问："有件事想来想去也想不通，还请你不吝指点一番。我的事情是最好的安排，那你在牢房里无缘无故地待了一个月，这要怎么解释呢？"

宰相说："如果我在你身边，放了你，岂不是要轮到我遭殃？"

国王听完后瞬间恍然大悟，和宰相一起大笑，果然是最好的安排。

以上故事里的"宰相"就好比是生活里的哲学老师，他能教你一些你看不见的东西，比如隐藏在每一桩事件背后的道理。

遇到事情不必慌张，不必悲伤，只管挺胸抬头往前走。

曾听好友讲过这样一个故事。

那会儿他刚大学毕业，在一家上市公司实习，做销售员。虽然是销售员，但公司对他们的硬性指标很高，能去的人都是高校毕业生。

而且那一期的实习名额也只有 15 个，意味着上百人同时争抢 15 个名额，对于他们来说是一件极具挑战的事情。

生活要有仪式感

公司给的考核内容没有一点儿技术含量，无非就是让他们每天发传单，从上午 9 点一直发到晚上 6 点。

一开始的时候，大家都很认真地发着传单，半天过去了，开始有人敷衍，觉得不过就那么回事，能偷点儿懒就偷点儿懒。

第二天，几乎没有人发传单了，跑去剪发的剪发，打游戏的打游戏，玩手机的玩手机，总之没有人干正事。

三天过去，所有人都放弃了，唯独好友一个人还在炎热的夏天大汗淋漓地发着传单。

当初别人都劝他："你别发了，你看我们都没有发，没有意义，明摆着玩儿我们呢，你别跟个傻子一样行吗？"

好友一如既往地认真专注，一直到考核期结束。最后，那百来号人里，只有好友留了下来。

考核官说："不要以为你们所做的我看不到，告诉你们，发传单就是考核的任务，看你们够不够认真、值不值得信赖。你们的一举一动，都在我们的眼皮底下进行。显然，除了陈磊（好友），你们一个都没有通过。"

那些偷懒的、自以为聪明的人，一个都没有留下。只要你努力，该你得的，一定会原原本本地给你，一点儿都不会亏欠你。

记得在另一个朋友身上发生的事。

她是个新媒体编辑，写的东西漂亮有营养，对工作比较负责，算是领导比较欣赏的员工。

有一次大会，她被派去出差，参与会议的全过程，结束后要马上出一篇会议报道稿。

第 5 章
精致如斯，点缀岁月

其实大会前一天她有点儿感冒发烧，但本着对工作负责的态度，她没有请假，强撑着去了。

会议的各项环节，她都牢记在心里，在众人吵闹的环境中办公，因为没有时间再去别的地方办公。

她头痛欲裂，但还是顶着不适，把文章写完了。她自认为写得还不错，检查了几遍便发出去了。

结果第二天，她就被上司叫去谈话，被批评了一顿。原因是她写错了一个日期，把 2017 年写成了 2016 年。

那次领导毫不客气地数落她，怪她开小差不认真，并扣除了她 1000 元钱。她低着头什么都没说，回到工位就埋头哭了起来。

幸运的是，第二天早晨开早会的时候，她又因为那篇文章受到了表扬，公司总经理夸她写得很不错，虽然日期出了小差错，但可以原谅，并表示要给她 1500 元作为嘉奖。

因祸得福，她拿着那笔钱又惊又喜，又哭又笑。

生活这个爱作怪的东西，你永远都无法猜透它什么时候给你一记巴掌，又给你一勺蜜糖。你唯一能做的就是做好自己。

再讲一个故事吧。

一个爱旅行的年轻人，在一条大河边上看见一个老婆婆，那个老婆婆看上去似乎很苦恼，因为她不知道如何凭借一己之力来过河。

正好年轻人看到了这一幕，他想办法帮助老婆婆过了河。本以为老婆婆会说一声谢谢，可没想到老婆婆一声不吭地就走了。

他很懊恼，觉得自己帮助了别人，却连一句谢谢都没有换

生活要有仪式感

来，真不值得。

他继续上路前行，就在他累得寸步难行的时候，一个年轻人骑着马从他后面追赶了上来，年轻人把手里的干粮和胯下的马匹都给了他，说他几小时前帮助了自己的祖母，他祖母特地让他过来感谢年轻人。

你看，惊喜总是在你意想不到的地方出现。虽然你也不知道惊喜在哪一刻来临，但你只要做好自己该做的事情，好运哪怕是堵在路上，也一定会快马加鞭地向你飞奔而来。

SHENGHUO
YAOYOU
YISHIGAN

第 6 章
生活中的细节之美

一份精致里藏着一份麻烦,如果你不愿意动手解决那份麻烦,好的生活和乐趣势必会与你绝缘。你对精致的态度,一定藏着你对未来生活的态度。要知道,一个对自己都懒的人,是不能指望他对其他东西上心的。

SHENGHUO
YAOYOUYISHIGAN
生活要有仪式感

早餐哲学

我微信里有一个人，我特别佩服她。365 天，坚持发花样早餐的图片，每天会定时在朋友圈更新，一天都没间断过。

要知道，长期坚持一件事情，可不是容易的，更何况还是做花式早餐如此复杂的事情。

我问她是怎么做到的？她回复我说，很简单，每天早点儿起来，动一动手就行了。这个答案相当于没回复我，可能在她看来确实如此，但在我看来却非常难。

要知道很多人都没有吃早餐的习惯，就拿我自己来说吧，除了工作日会按时吃点儿早餐外，周末一般是不吃早餐的。几年来都是如此，从没有改变过。

我身边的朋友比我更夸张，他们不吃早餐得按年计算，可能早餐有些什么，他们都给忘记了，所以微信里的那个姐姐，是我非常佩服的人。

你的早餐里，藏着你对生活的热爱，也包含着你对未来的无限期待。

很多人对早餐不屑一顾，所以它经常被忽视。尤其是跟我一样的人，在假期的时候，一顿早餐都没吃过。因为一旦你起得晚

第 6 章
生活中的细节之美

一点儿,将近午饭时,你就会想着和午餐合在一起吃。

其实,不吃早餐是要不得的,从身体健康来说,就万万不行,长期下去,胃一定会垮掉。

更重要的是你得知道,晨起的生活对一天相当重要,起得早的人要比晚睡一个小时的人,多做很多事。

就拿我表弟来说,他特别爱起早。他读大三,他的室友们周五会玩游戏玩到很晚,周六不到中午 12 点或下午 1 点就不会起床。

表弟每天会在早上 6 点半起床,背诵一个半小时的单词,早上 8 点去学校食堂吃一顿自己喜欢的早餐,然后再学习几个小时。一个上午的时间,他做完了很多事情,他的室友们才慵懒地从床上爬起来。所以他跟别人也在不知不觉里拉开了很远的距离。别人利用一顿早餐的时间,可以做很多事情,也能收获良多。

我的小姨,十几年如一日地坚持做早餐。不仅如此,小姨父也会跟她一起忙活。

无论是下面条还是烤面包,小姨父都乐意给小姨打下手。他们经常在谈笑中就忙好了一顿早餐,不会感到疲累,也不会感到琐碎。

一直以来他们的感情都很好,很让人羡慕。我问他们都结婚这么久了,是怎么做到这么恩爱的。每每问到这里,小姨父总会像个调皮的小孩一样告诉我:"你也一起多做做早餐就知道怎么回事了。"

不要小瞧一顿早餐,十几年如一日,如果可以偷懒,谁愿意

SHENGHUO
YAOYOUYISHIGAN
生活要有仪式感

牺牲自己的睡眠时间给自己和家人做一顿可口的早餐呢？毕竟街边早点摊儿或外卖又便宜又方便，一切都只是为了向精致生活靠拢而已。

　　一顿早餐，可以增进他们夫妻之间的感情，也能让生活变得有滋有味，这大概就是早餐的魅力所在。

　　不仅如此，很多人还喜欢在早餐桌上谈事情。

　　就比如公司的楠姐。

　　每天早上，她都会准备一顿丰盛的早餐，也会换着花样的中西餐结合。

　　他们一家几口人，会坐在餐桌上，边吃边聊聊自己的工作状况，或一些其他趣事。平常他们都很忙，晚上不见得会聚在一起吃饭，所以事情都会在早上来说。

　　一边享受美味，一边谈笑风生。胃得到满足的同时，心情也得到了满足，可以开启元气满满的一天。

　　其实，无论是个人还是公司，都喜欢在早餐桌上开会议，因为早晨是一天最重要的开始，把会议的核心内容拿到早餐桌上来交流探讨与传达会让人牢记。

　　前年去首尔旅行，跟好友入住一家酒店，途经大堂乘坐电梯时，无意中发现大堂里竖着一块公告牌，上面写着"早餐会"。

　　我当时还很惊讶，早餐会居然这么常见，因为在这之前，我在别的国家也遇见过。可见，早餐哲学是多么重要。

　　我认识一个前辈，他特别注重早餐，他每一天的工作内容都会在那张棕色的餐桌上来说。

第 6 章
生活中的细节之美

他甚至还制定了一个规则，来得越早的人，早餐越丰盛，到得越晚的那个人，也意味着早餐会被别人瓜分。

我问他为什么，他笑笑，说是公司文化。说白了就是鼓励大家早起，在一天最重要的时刻为大家打气。他经常说，早起的鸟儿有食吃。早餐，就代表着他们的食物。

著名哲学家苏格拉底特别喜欢在早餐桌上讨论问题，他的"十万个为什么"都是在餐桌上探讨出来的。

一张餐桌，在一个哲学家的视角里，可以研究出那么多问题来。那你有没有在餐桌上仔细审视一下自己的人生呢？如果没有，我想你真应该行动起来。

如果你想有个好点儿的未来，想要努力靠近精致的生活，那么真应该从一顿美味的早餐开始。

SHENGHUO
YAOYOUYISHIGAN
生活要有仪式感

不去评判别人的生活

有这样一个故事。

一头猪、一头牛还有一只羊关在一起。某天农夫来捉猪，猪大叫哀号。

在一旁的牛和羊觉得猪叫得实在太夸张了，于是纷纷站出来嘲笑它：你怎么夸张成这样呢？平常他来捉我们的时候，我们都没有发出这样的惨叫声。

猪听了有点儿生气，但还是很礼貌地回答：这不是一个性质，他来捉你们，只不过是要你们的羊毛和乳汁而已。但是他来捉我，要的却是我的命。

牛和羊瞬间默然。

透过故事传达什么本质呢？不要妄自去指责别人的生活，你无权定义。不同的环境造就不同的生活，每个人都有自己的难处，每个人做一件事，都有自己必做的理由。

别人在生活中发生了什么，遭遇什么波折，你不会知晓。多给别人一丝包容，同时，努力过好你自己的生活。

王枚跟往常一样去公司上班，看见李小的工位上围着很多人，走近一看，发现同事正在你一言我一语地嘲笑着李小的

第 6 章
生活中的细节之美

穿着。

　　李小的穿搭确实有点儿不合时宜,她戴了一顶深蓝色的毛线帽,把脸捂得严严实实,下半身却是夏季装扮。那时正逢仲夏,公司的空调制冷效果并不是很好,整个办公的地方都散发着炎热的气息。

　　于是,李小的那顶蓝色毛线帽成了大家的笑料,起码早上有10分钟的时间,整个部门都在说这件事,探讨她是不是有什么特殊小癖好。

　　唯独王枚没有参与,她走到李小面前,轻轻跟她说,不要把那些话放在心上,自己开心就好。

　　因为每个人必然有这么做的理由,你不懂,就不要指手画脚。

　　李小感激地看了一眼王枚,谢谢她能理解自己的心情。也正因如此,她们成了无话不谈的朋友。

　　后来在一次吃晚饭时,李小主动地对王枚说了那天的事情。她说那顶蓝色毛线帽是她妈妈织给她的,她妈妈在织完之后不久,便因癌症去世了。

　　那么多人里,只有王枚没有嘲笑她。李小后来都非常珍惜王枚这位朋友。她觉得一个不"八卦",懂得在内心深处敬重别人的人,也一定有着很好的人品。

　　没有搞清楚事情的来龙去脉,为什么那么急着给别人"扣帽子"、下定义呢?

　　可总是有些人,就愿意不分是非黑白地去妄自揣测,就好比

生活要有仪式感

下面这个医生与父亲一样。

医生接到医院的紧急手术电话。他以最快的速度赶到医院，又以最快的速度换好衣服进到手术室，准备给那个昏睡在床上的男孩做手术。

男孩的父亲看到医生，歇斯底里地大喊："你怎么现在才来？你知道我儿子命悬一线吗？你们现在当医生的，都这么没有责任心吗？"

医生浅浅地赔笑，他让这位父亲先冷静一下，自己刚刚有要事在处理，人不在医院，但接到电话后就马上赶来了。

男孩的父亲听了更加愤怒："你让我怎么冷静？我的亲生儿子现在躺在手术室里，你告诉我要怎么冷静？"

医生没再过多解释，转头进了手术室。几个小时之后，医生出来了，告知手术一切顺利。

男孩的父亲欣喜地向医生道谢，医生说了一句"不客气，后续事宜可以咨询护士"之后，便离开了。

男孩的父亲找到护士，把自己的牢骚跟护士说了一通，他说不知道为什么这个医生这么奇怪、这么冷漠。

护士沉默了几秒才开口讲话，她表情相当沉重。她说你根本不懂，这位医生的儿子，昨天死于一场交通事故。

他在赶来给你儿子做手术的前一刻，正在殡仪馆，现在你儿子的手术完成了，他要去参加自己儿子的葬礼。

男孩的父亲久久沉默，最后说了一声"对不起"。

对不起有用吗？对别人而言是没用的。在这之前，完全不分

第 6 章
生活中的细节之美

状况地指责别人，戳痛别人的心窝，所做的一切，不是一句"对不起"可以换回来的。

别人经历了怎样的痛苦，你是看不见的。或许一个跟你谈笑风生的人，他的内心就装着"沉石"的痛苦。

别人过得好不好，别人发生什么事，那都是别人的事。不要以为自己能手揽八方，什么事都能搅和一筷子。

我堂姐的一个同学，去年结婚了。

大家都不看好那门亲事，原因是同学的老公是邵阳农村的，觉得她老公穷。而堂姐的同学不但貌美，而且家境也比她老公要强很多。

说什么的都有。表面上说着"百年好合"的祝福词，实际上被人当成茶余饭后的谈资，都说她和她老公的婚姻一定不会长久。

别人看到的只是表面而已，日子是人家过出来的，搬弄是非的人怎么能看到真相呢？

事实是堂姐同学的老公是个潜力股，人非常勤快，最重要的是对她特别好，说一不二，很体贴、很温柔。

当年说他们不会长久的人，被啪啪打了脸，因为他们已经结婚五年了，还一如既往地恩爱。

堂姐同学想过的是自己喜欢的生活，不是别人以为的生活。她有自己的一套婚姻标准，轮得到别人说三道四吗？

你总把自己当诸葛亮，以为能看透所有的事，实际上不过是一个小丑，只是喜欢窥探别人的隐私而已。

拜托，活得精致一点儿

上周参加了中学同学聚会。

好久不见的一群人，围在一起闲扯着生活里的长长短短。那么多人里，我一眼扫到了王迪，因为她太显眼了。

来说说她的过往吧。

读书的时候，她是一个看上去很邋遢的女孩。鼻涕常年擦不干净，挂在鼻子下端。一条破洞的肥牛仔，晃来晃去。

班上给她取名：大鼻涕。叫惯了"大鼻涕"的人，很容易忘记她的真名，她这个绰号我们一直叫了三年。

"大鼻涕"因为邋遢，都没男生给她写情书，也没人愿意挨近她跟她做朋友，都嫌丢人。

"大鼻涕"一开始不觉得有什么，成天乐呵呵的。到了初二她就觉得有点儿奇怪了，发现大家都躲着她，但她一直不知道原因。

毕业后，一直没有太多联络，几乎可以说是没有联络。直到这次聚会遇见她：脚蹬着6厘米的高跟鞋，紧身牛仔裤，白色衬衫，扎着一个漂亮的马尾，精致的妆容一分不多一分不少。

绝对就是第二次新生。

第6章
生活中的细节之美

一个精致的美女,虽然跟邋遢完全搭不上关系。但我还是一眼就认出来她是当年的"大鼻涕",因为当年的"大鼻涕"还是有几分清秀的,只是要很认真看才能看出来,可一般没有人认真去看她。

现在的美女是王迪,恢复了王迪本来的身份,跟"大鼻涕"没有任何关系。

我挨着她,问她当一个精致的女生是什么感觉,毕竟她以前那么邋遢。她大笑着说:"起码首先交了很多朋友啊。"

"嗯,我想也是,没有人愿意拒绝和美女做朋友。"我接着问她:"然后呢?"她说,工作机会多了很多。

她每次去应聘,都很容易成功。她除了一纸漂亮的简历,还有漂亮的外表,可谓内外兼修。她说或许也是自己运气好,反正每次都很顺利地通过。

最后她告诉我,这几年最大的感受就是,越精致便越想精致,外表精致,灵魂也跟着一起精致。

跟她告别时,不禁感慨万千。不管曾经再怎么"邋遢"的人,只要你想精致起来,是怎么都能做到的。

那些精致,不需要你用多少钱去堆砌,只需要你用点儿心,暗淡的躯壳就会闪亮起来。

毕竟,这是一个"精致"的世界,你不精致一点儿,就会失去很多机会。不然,"没有人有义务必须透过你邋遢的外表,去发现你优秀的内在"。

你口口声声说那些护肤品很贵,自己没有钱去消费那么多奢

生活要有仪式感

侈品，可是你连最便宜的都懒得抹。可见，你根本就不是嫌贵，只是太懒，懒得精致。

罗茹是我之前的一个同事，她1993年生，但总是被别人误以为是中年人。因为她整张脸和整个人的气质，很显老态，加上她人还有点儿胖。

这个年轻女孩脸上的皮肤，比三四十岁的人还要差。她抽烟熬夜非常凶，而且懒得保养。熬夜和抽烟这两点里的随便一点，对女孩都是致命的伤害。

一到晚上，还有点儿暴饮暴食的习惯，拼命地放纵自己。她跟精致不沾任何边。

她一副无所谓的态度。

无所谓的背后，就是一个明明年纪很轻的女孩，却活得比同龄人要老气很多，自己的整个精神状态也要萎靡很多。

跟她比起来，另一个部门的瑞雪就要好出很多。

她齐肩的长发每月会去理发店修理一次，头发绝对不会出现干枯分叉的现象，因为自己很注重这方面的养护。

穿的白色运动鞋，不会出现任何一个细小的污点。指甲修剪得很整齐，一身干净自然的装扮，配着淡淡的香水味，清新脱俗。

跟她接触一段时间后，会发现她每次吃饭之前，都必然会去洗手间洗手，洗干净之后才会拿筷子上手。

总之每一个细节里，你都能看到她的用心。相同地，她的工作任务也完成得非常好，经常受到上司嘉奖。

第6章
生活中的细节之美

　　生活中追她的人很多，其中不乏高层人士。但她很能坚守本心，从不滥交，是一个活得很体面的人。她也是一个女生见到都要把她好一顿夸的人。

　　她用心经营着自己，经营着生活，活得有滋有味，旁人看了都竖大拇指。

　　一份精致里藏着一份麻烦，如果你不愿意动手解决那份麻烦，那好的生活和乐趣势必会与你绝缘。

　　你对精致的态度，一定藏着你对未来生活的态度。要知道，一个对自己都懒的人，是不能指望她对其他东西上心的。

　　我大学的室友曾可是从小城来的。

　　才来前的模样，用"土"字来形容她，一点儿都不过分。黄黄的面容，胖胖的身材，一点儿活力都没有，还说着一口塑料普通话。

　　她在生活中有很多让人糟心的习惯。身子不擦干净直接穿衣服，晚上不刷牙直接睡觉，早上起来很随意地洗把脸就去上课，房间的垃圾从没主动倒过一次……

　　作为她的室友，我们集体看不下去，想全力改造她。轮流说她的痛点，一点儿不留情面。

　　好在她这个人还有一个优点，一说就听。尤其那么多人轮番说她，给她上"教育课"。

　　她说她以为这样生活是没什么的，原来自己这样的习惯不好，那既然不好的话，她就向我们看齐。

　　她说到也就做到了。

SHENGHUO
YAOYOUYISHIGAN
生活要有仪式感

　　学着认真洗脸、刷牙，从牙缝里省点儿钱出来敷几次面膜。每天晚上去校园操场跑步减赘肉……

　　一个学期下来，变了很多。她说请我们吃饭，因为我们改变了她。我们集体摇头，说是她自己改变了自己。

　　一个人要是懒到极限，别人说再多，他也不会听的。所以，最终还是要靠自己，才能活得精致、体面。

第 6 章
生活中的细节之美

假期就是用来享受的

梅姐离婚了。

见到我的时候,梅姐跟我疯狂吐槽,她说她已经有整整两年的时间,都没有好好享受过一个完整的假期了。她少得可怜的假期,几乎每次都被各样的事情所打断,原因是太忙了。

有一次她跟她丈夫在三亚度假,刚办好入住手续,她就接到公司紧急电话,马上火急火燎地赶回去了。说好的五天假期,实际才休了半天多。

有了第一次的开端,后面几乎都如出一辙,不是这事就那事。她丈夫总是抱怨她没有时间陪自己和家人。

他们之间的矛盾越来越多,起因都是"忙"这个字。丈夫对她的小怨言,慢慢地如同滚雪球,越变越大。

一次两次的解释可能管用,一次两次的缺席可能没关系,但这么长时间,梅姐一直因为忙,使两个人的感情越来越淡,渐渐缺少共同语言,也让他们的婚姻变得名存实亡。

我问梅姐后悔吗?她说多少会有一点儿,毕竟事情是因为自己导致的,不过也许是自己和老公的缘分走到了尽头。不过不管怎么说,她都会引以为戒,不会让类似的事情再发生。

**SHENGHUO
YAOYOUYISHIGAN
生活要有仪式感**

　　好好享受一个假期，有什么不妥呢？它不但不会因此葬送你的事业，还是你身心和情感健康的重要纽带。不要拒绝它，而要接受它，大胆享用它，不要因为享用而有罪恶感，因为它原本就是属于你的。

　　前段时间好友卡其辞了职，给我打来电话告知她辞职一事时，我还非常惊讶。因为在此前，她可是一个十足的工作狂。利益永远摆在第一位，其他都可以往边靠。

　　她毕业后工作的几年里，一直都很疯狂地卖命工作，就是为了让自己的野心能够被喂饱。

　　所以，她打来电话的时候，我连问了十句为什么。平常说点儿小事情都会讲一堆大道理的她，只轻描淡写地说了一句："没什么，就是想休息了而已。"

　　想休息可以请假，为什么非要辞职呢？我还是紧追着提问不放。她没有回答我的问题，挂了电话之后，给我传过来一张图片，那是一张体检报告单，上面显示身体某个部位出现了问题。

　　后来我约她出来，有了一次长长的聊天。她说虽然不是多大的问题，但找到了一个给自己休息的理由，其实自己这么长时间也很累，但不敢休息，害怕职位被顶替，害怕自己会被淘汰。

　　但这次，她不想去想那么多了，该如何进展，就顺其自然吧。工作三年的地方，她只用了三分钟就写好了辞职报告。

　　离开的时候，心里长期压的一块大石头没有了。她说没想到自己还有这么轻松的时候，这种感觉真好。

　　我问她未来的打算。她说病治愈后，会继续工作，只是不

第 6 章
生活中的细节之美

想让工作占据自己的全部，假期她会好好策划一番，例如出去远行或者跟朋友去山区做义工。总之，心里不会一直挂着同一件事情，那样会心累，会不圆满。

我对她表示支持，我说她早应该如此的。毕竟假期是好好缓冲自己疲惫期的，过度地消耗身体，不会有太好的果子吃，违背什么，都不要违背自然规律。

我曾经在北外住过一段时间，那时候认识了一个自考生室友。因为某些原因，她没有参加高考。后来自己有了一点儿经济基础之后，开始选了自己喜欢的专业，报了自考。

她特别勤奋，每天早上 6 点会准时起来去学习，白天一天时间都在外面，晚上 11 点才会回到宿舍。

不过她给自己制订了一个计划，那就是每周必须有一天休息时间。她可以在那一天去公园赏花，去电影院看电影，去超市采购一顿食材，或者跟朋友聚会……那一天无论做什么都好，就是不关乎学习。

她说必须让自己时刻紧绷的神经，偶尔得到缓冲的机会，不然高负荷的学习会让她压抑和崩溃。

她最厉害的一次纪录，是两个月的时间，过了四个学科，还是在自己完全自学的情况下。她不是属于那种很聪明的人，但一定属于最用功的人。

劳逸结合配合得很好，效果也很明显。没必要一定赶着那一天的时间，完成你所有需要完成的东西，那只是一个循环渐进的过程。在你学习的时候，全身心地投入和专注就可以了，每一分

SHENGHUO
YAOYOUYISHIGAN
生活要有仪式感

每一秒都合理利用，这样在你玩儿的时候，也不会有任何负担。

很多人喜欢拼命工作，拼命学习，不顾一切地透支着自己的身体，透支着别人对自己的感情，一点点把它磨垮，也毫不在意。直到真的出现很大的状况时，才开始意识，才开始补救。可多少东西是能补救得了的呢？

安心地享受那么几天假期，不会让你破产，也不会对你的职位产生到威胁，你脑子里的知识还是保留在那里。

不要自己吓自己，自己给自己压力。活着已经很不容易，又何必老是自我施压呢？

我有个朋友，他自己开公司。虽然公司业务很忙，但他一定会抽出时间和家人出去旅行几次。

每次去的地方都选在国外，目的就是让自己的假期能够稍微长一点儿。即便他因为什么事想回去，也不会说离开就离开。

别人说你不趁此把自己的业务发展得更广吗？他摇头。他说钱永远都赚不完，但自己能拥有的岁月却是转瞬即逝的。

有时觉得他真是人生赢家，事业家庭兼顾，虽然这是一件很难做到的事情，但他就是做到了。

幸福有时候也许没有那么难，就看你自己怎么想了。它的定义很广泛，只要自己认为幸福就足够了。

就好比那些每天都很忙碌的人，如果有那么几天假期，他们就会觉得很幸福。只是希望那样的幸福，他们会珍惜，不被其他的东西侵扰，安安静静地感受一下属于自己的时光。

第 6 章
生活中的细节之美

做人，最重要的是开心

《超级演说家》第二季总冠军刘媛媛讲过关于"死亡"的一件事情。

她说在她们老家有个风俗叫"起丧"。何为"起丧"？比如一个老太爷去世之后，要与人合葬。需要把过世多年的妻子的坟掘开，把里面的残尸旧骸挖出来，跟他一起合葬。

那种情况，她看到过一次。她看见一个死去 20 多年的人，时隔多年后，只剩下一缕头发和几颗牙齿，其他全被腐化。

那也是她离"死亡"最近的一次。那天她想了很多，一个人死了之后，就是一堆残渣。她也不知道什么时候会死去。

所以她站在舞台上，大声地告诉世界，人活着一定要开心，因为你不知道自己的生命会在何时终结。死亡不会通知你时间，你无法知道它的具体时间，是年轻，还是年老；是当下，还是未来。

她的演讲内容，让我想到自己童年时目睹的一件事。

一个 18 岁的姐姐，因为被大卡车撞到了，当场死亡。

那是我第一次看到尸体，她离我那么近。我看着她那张安静的脸庞，微微闭着的双眼，仿佛只是在睡觉一般。

SHENGHUO YAOYOUYISHIGAN
生活要有仪式感

几天前还是鲜活的一个人，几天之后说没就没了。谁能料得定人生会有什么样的意外呢？正如那个姐姐一样，她会料到自己的生命被一辆卡车终结吗？不，她做梦都不会想到。

但事实就是发生了。想得到的，想不到的，都没了任何意义。

唯一有意义的事情，就是在活着的时候，尽情地开心，敞开心怀地去大笑，才不会白活那短暂的一生。

正如那段台词所说：人有多少个十年呢？人生这一条路一定会走完，只是不知道什么时候而已。既然不知道什么时候会结束，那就让自己学会每时每刻都开心。虽然我清楚，在你不开心的时候，是很难有心情去思考这件事的，不过你至少要努力地尝试一下，看有什么方法可以让自己开心起来。

世界上除了生死，哪一件事都是闲事。不要想太多糟心事，让自己不快乐。你有一千种可以让自己快乐的方式，只要你想，只要你愿意尝试。

我见过很多把日子过得苦巴巴，每天一副苦瓜脸的人。我特别替他们感到惋惜，因为他们不懂得生命真正的意义。

就比如我隔壁的邻居，一个 65 岁的老人。

这个老人，愁多乐少，几乎每天都是在闷闷不乐里度过。我不知道为什么她有那么多的负面情绪，她好像是为愁苦而生。

因为她一天天总是在生气，生各种各样的气。仿佛全世界都欠她的，都对不起她，包括她的家人。

从她的丈夫开始。

第 6 章
生活中的细节之美

年轻的时候,便看不惯她丈夫。也说不出哪里看不惯,逮着他的小毛病,就要数落一番。一点做得不如她的意,她的脸就要垮一个幅度。

她的儿子,她老觉得让她不省心。老师的批评,要引来她对儿子长达三个小时的教育。教育完了还不算完事,必须骂一通才解气。

跟邻居总喜欢为点儿鸡毛蒜皮的小事怄气,她还很爱记仇,别人的一点儿小事情,她可以记上三五年,跟邻里处得也不是很融洽。

她是天生的"独居者",因为觉得世界上,没有可以令她满意的事情。她的人生,不知道"开心"到底是什么样的一种定义。一个人如果没有真正开心过,想必她也不会在乎开心的意义。

别人问她怎么每天有生不完的气,她说自己也不知道为什么。别人说,可能是她想管得太多,烦恼就变多了。如果她少管点儿,随它们去,她就不会那么烦心了。

老太太说自己做不到。

她确实没有做到,一直到现在这个年纪,她都没有学会。所以她的一辈子活得无比凄惨,因为她学不会开心和快乐。

如果她能看透死亡,她懂得人不过只有一辈子,如果知道自己接近死亡,就不会计较那么多了,会想方设法对自己好一点儿。

我无数次地想过一个问题,如果我明天就死了,我今天会怎么做?我可能会把身上所有积蓄都花光,去做自己最想做的事

生活要有仪式感

情,去挑战自己最不敢做的事情,比如蹦极。

我虽然不会明天死亡,但我总有一天会死亡。就像那台词说的,只是我不知道期限而已。

开心真的不难,你不要去计较太多就好。生活中的烦心事肯定会有很多,你每一件都去计较,它除了会把你烦死之外,你不会得到任何好处。

前一阵,我回了一次乡下。

那几天我什么事都没做,每天陪着外公聊天散步,很惬意。我跟外公说,我要一直能这么开心就好了。

他问我:"难道你之前不开心吗?"我笑着回答:"生活里鸡毛蒜皮的小事很多,容易伤脑筋,容易不快乐。"

外公把手边的活儿放下,跟我聊他自己的心路历程。

他说:"你的渴求越少,幸福就越多;你的渴求越多,快乐就越少。人总是这样的,喜欢要求这样要求那样,要求一旦没达到,就容易暴怒或发脾气,快乐自然也渐渐消失了。"

我想想也是。

外公活了一辈子,烦心的事很少。他的快乐可以是一块好吃的肉,可以是一个好吃的水果,可以是一个温暖的拥抱,也可以是子孙后代对他的好。

快乐真的很简单,只是你把它高标准了而已。你把它的标准拉下点儿,主动去靠近它,你会觉得它真的很好。

短短一生,别老冷酷地把微笑藏起来。你该热情一点儿,主动咧开你的嘴巴,给生活一个大大的微笑。

第 6 章
生活中的细节之美

学会给自己一个拥抱

最近迷上了一部美剧《逍遥法外》。女主角安娜莱斯是个法界精英,几乎没有她打不赢的官司。

因为替罪犯辩护,她承受了来自很多的外界压力,别人骂她丧心病狂,什么官司都接,什么官司都打。

道德的指责和工作的压力,都让她背上了一种深深的罪恶和压迫感。

一方面她要解决自己的事情,另一方面还要不断地给学生擦屁股。

她的每一天,都非常忙碌和紧迫。她不允许自己出现任何差错,高负荷的工作量和案件的复杂性,再加上以前的种种,让她心生崩溃。

何处释放压力?她疯狂酗酒。尔后被吊销律师执照,看心理医生。几乎每天上演同一场戏码,颓废沮丧,不知道生活的意义在哪里。

于是,一个外表看上去强大的女人,卸下平常的面具,在她的卧室里,企图开枪自杀。她的助理及时赶到,才把她的命给救下来。

生活要有仪式感

什么时候心里开始好过点的呢？是塞姆的出现，塞姆说的一句话，让她不顾一切地爱上了他。他说："不要把所有的一切都强加在自己的身上，这不是你的责任。"

她背负着太多不该背负的事情，她犯下的那些错误，在塞姆眼里是值得原谅的，她本是一个可爱的人，只是"人在江湖，身不由己"。

一个人背负那么多东西，小心翼翼地行走，不会崩溃才怪。

《逍遥法外》里，安娜莱斯没有一个镜头是在玩乐的，偶尔的释放就是喝酒，但越喝越忧愁，因为内心苦闷，没有被真正地排解出去。

电视剧中的女强人如此，生活中的普通人又何尝不是如此呢？很多时候你在各个场合扮演不同的角色，只有回到家，才能卸下你伪装的面具，多累啊！

她总是以为能护人周全，总是想着解救这个，解救那个，结果最不能救赎的却是自己。

可以的话，请适时地释放一下自己。不要为难自己，也可以不用假装坚强，该哭的时候痛快地哭出来。

由这部剧联想到一个朋友。

环环是一个看上去很坚强的人，起码在外人的眼里如此。不管遇到什么事情，都不会在脸上显露太多的情绪。留给大家的，永远是乐呵呵的笑脸，"我没事"的态度。

这个姑娘，背负的要比常人多。

她有一个弟弟，小她 4 岁。她爸妈总是教育她，要她多爱护

第 6 章
生活中的细节之美

弟弟,多担待弟弟,有什么事情第一时间也要想着弟弟。她确实也是这么做的,她很爱她弟弟。

她在一家不大不小的公司当会计,赚的薪水并不是很多。但她孝顺,五分之二会寄回去给父母,五分之一给弟弟,剩下的自己留着。

但她妈妈老是觉得她给弟弟的不够多。总是说,你读的书比弟弟多,赚钱的本事比他大,你千万不要吝啬一个姐姐对弟弟的爱,要对他好点。

姐姐呢?藏着忍着一肚子憋屈,不计较。她也觉得弟弟比自己小,自己是老大,该照顾弟弟。

家庭里的鸡毛琐碎堆积得多了,就会让人产生烦恼。环环没有对任何人倾诉过这件事,她表现的永远都是——她爱爸妈、她爱家人,朋友圈发表的状态,也是相亲相爱的一家人。

别人都说她很幸福,钱虽然赚得不是特别多,但稳定,还有很爱自己、关心自己的家人。

听到这样的回答,她会笑笑,再回句"是啊",然后若无其事地接着工作。

一直那么下去,倒也风平浪静,爆发点在哪儿呢?

某个周六下午,她妈妈把她拉进房间,说能不能借给弟弟 10 万元钱,他快到娶妻的年纪了,该买房子了。

环环说她没那么多钱,每个月的钱,都寄给她跟弟弟了,自己的户头远远不足 10 万元。

她妈听了后开始不停地念叨,说她明显是有钱也不愿意借,怕弟弟不还，说她冷漠、自私，眼里没有亲情。

从没有还嘴过、从没有愤怒过、从没有怨恨过的环环，在那一刻爆发了。她歇斯底里地狂喊，把多年隐藏的委屈都喊了出来。

她说无论做什么，他们总是偏袒他，一个馒头一大半要给他，有什么好东西先留给他，可自己呢？像极了家里多余的外人。他们给予的怜爱，都是从弟弟的缝隙里挤出来的。她不是工具，她也是人，需要被人宠，需要被人照顾，也需要索取，而不是一味地付出……

环环说完那些之后，把她妈留在房间里，自己走了。跑去解放路的一个小酒吧，把我叫了出来。

于是我听到了她的这些故事。

她也以为自己很坚强，以为自己没关系，以为自己可以无底线地一直这样继续下去。但爱是相互的，一直单方面付出的人，很痛苦也不公平。

她对弟弟的"无底线"爱，没有换来弟弟同等的爱，甚至都没能换来理解，尤其是父母这样的"咄咄逼人"。

她也需要释放，她也需要倾诉，她更需要抱抱自己。她完全可以放手不顾，能给的她给予，超过限度的，可以大声拒绝，爱是有底线的。

她哭了很长一阵，才慢慢缓过来。她说那是她第一次在人前失控地哭，要我不要说出去。我点头，说不会的。

都是凡夫俗子，总被一些东西所牵绊、所连累，我们没有

第 6 章
生活中的细节之美

自己想象得那么伟大，做不到的，我们就摇头，不要一直答应对方，我们可以大声地拒绝。

生活中总会有不如意的地方，该隐忍的时候隐忍，该爆发的时候就不要强忍着。哪怕是一瓶酒、一场哭泣，或多个小时的倾诉都毫无关系，最重要的是你内心一定要好受。

吵架有时不是坏事

最近"损友"一文一直不停地在朋友圈秀恩爱,眼睛都快被她闪瞎了。我说你能不能别这么频繁地撒狗粮?她不屑地说:"那又怎么了?多长时间没找到过这种感觉了,还不能让人使劲秀一秀?"

说来也是,一文在半年前结束一段两年的恋爱,很长时间才从悲伤里走出来。

一文跟前男友 Seven 在一起的第一年感情很好,到了第二年开始发生变化。

具体发生的事情,其实也算不了什么大事。

据一文说她自己很喜欢生闷气,还特别喜欢冷战,一遇到不愉快的事情,她就冷战。

有些人的默契度没有达到一个点时,很容易出现矛盾。比如 Seven 每次都不知道一文为什么会生气,但他还是会耐着性子去哄,说些好听的话安慰她。

一文听着 Seven 的讲话,会忽然笑起来,不知道她是听到哪一句话就笑了,但显然的是,她不生气了。

可一文也不知道是什么状况,发脾气的次数越来越多,冷战

第 6 章
生活中的细节之美

的次数也越来越多。Seven 打电话她不接，信息也不回。

Seven 完全摸不着头脑，他可以哄一回两回，可以猜两次三次。可时间长了，他乏了，不想再哄也不想去猜测一文的心思了。

渐渐地他也冷了，两个人一起冷，冷到最后是不欢而散。

于是一段感情，忽然就走到了"全剧终"。没有争吵，没有折磨，只是三个字"分手吧"，多余的一句废话都没有。

后来，只剩下一文一个人生闷气，她说居然还有这样的"木头"，不要也罢。说不要的是她，爱冷战的是她，哭得要死要活的还是她。

她自己自我愈合了半年的时间，直到她现在的男朋友蒋浩的出现。

再后来，我跟她说了一番以前从没说过的话，这段话我是先从提问开始的。

我问她知道为什么会无故跟 Seven 分手吗？

她说知道，因为冷战。我接着问，那为什么要冷战呢？她说因为冷战不用说话，她不喜欢解释和沟通。

其实很简单，就是因为她不喜欢跟人沟通，甚至也不擅长吵架，只用所谓的冷漠和沉默，来向对方表达自己的不开心和不愉快。

所以双方才出现了不可挽救的裂痕。哪怕他们歇斯底里地吵一架，结果都要比这好得多。吵架其实是一种真诚的沟通方式，因为很多时候，平常不会说的真心话，都会在吵架里表达出来。

经常闹别扭，可又从不吵架的人其实很可怕，因为你不会很准确地知道对方心里的想法，如若你知道了，你下次就不会再犯

生活要有仪式感

同一个错误，你也知道该怎么做会让对方舒服。

所以最后，我告诉一文，一定不要重蹈第一次的覆辙，好好珍惜这次和蒋浩的感情。适当的时候，就吵吵架，增进彼此的感情，它是一种好的沟通方式。

关于"吵架"，其实我深有体会。这里讲一下我高中时的一件事。

那会儿我跟班上的一个女孩子玩儿得特别好，我才进高一的时候，就跟她特别投缘。后来又分在了一个宿舍，感情就更好了。

几乎做什么都同步，一起上课，一起画画，一起去食堂吃饭，连洗澡、上厕所都是要同步进行的。

很多人羡慕我们这种友情，因为玩儿得太好了，也对彼此太好了。这毕竟是一件很难得的事情，我们也格外珍惜这段友谊。

这段友谊一直维持到高三。

之后就变了。其实不是我变了，也不是她变了，就是这段关系，莫名地变了。

不知道从什么时候开始，我们出现了芥蒂，闹了不愉快，但谁都不拿在明面上说，当作没那回事继续要好，表面上有说有笑，可谁也不想戳破，都以为是对方的错，不肯先低头说出来。

后来隔阂越来越大，加上高三也很忙，索性都不理对方了。就那么两年的纯真友谊，也不知道毁在了哪里。

别人都说我们要是吵一架还好，彼此都不吵，在心里相互猜疑，琢磨来琢磨去，自己跟自己生气。

第6章
生活中的细节之美

想想还是不甘心,高考之后,我主动找她谈了心。我问她我们是从什么时候开始变成这样的,她说她也不知道。

后来聊多了,也就渐渐知道了来龙去脉。她听说我在别人面前说她坏话,表面装作跟她要好,实际上跟别人说些有的没的。所以她慢慢地对我产生了抵触,可碍于那么长时间的友情,她装作没事人一样,希望我有所改变。

可我没做那样的事情,又怎么去改变呢?可后来她又听到了一些风言风语,也开始对我冷了下来。

我看到别人对我的态度开始转变,我也没有去问原因,她躲着我,我也只好不去接近她。

她不问我不说,她不吵我不闹,所以慢慢远离。如果她当初听到别人所谓的那些话,跑来大声质问我,或先不顾一切地给我一巴掌,我可能就解释了,误会也就没了。

但我们谁都没有这么做,所以我们的友谊活生生地凉了那么长时间。好在后面冰释前嫌,我们承诺往后不管怎样都要沟通。实在不行就大吵一架,直到吵出点头绪为止。

这里的吵架并不是让你胡乱生一通气,瞎吵一通,而是针对问题来吵,一针见血地吵。把你想要问的问题通通丢给对方,让对方来解释。实际上是内心的沟通,只不过言辞稍微激烈一点,语气里夹杂的火气也稍微大一点而已。

但它能解决你们之间的隔阂和矛盾,所以带点火气也无所谓。最可怕的是冷暴力,什么话都不说,最终使彼此分道扬镳谁也不认识谁。

面朝大海，春暖花开

闺蜜杨大妞总是跟我说她的梦想，说了不止一百遍，我耳朵都起了厚厚的茧子。她的梦想是什么呢？找一片僻静的海，再在海边觅一所小房子住着，听海浪，看日出日落。

这大概是很多人共同的梦想吧。都想在这样那样的环境里，不想世事，看潮起潮落。可梦想终究是梦想，不实现就是空想。

杨大妞为了心中这件事，特别努力，她知道这些需要钱的堆积。所以她从小城市辞职去了大城市，就是希望快点赚钱，实现自己在海边住的愿望。

没离职前，她是城镇一所中学的数学老师，人人尊称她一声杨老师，虽然那句老师叫得毕恭毕敬，可还是抵不过她对海边的执念和幻想。

其实她也备受煎熬，她在体制内，薪资稳定，待遇也还不错。她那份工作，是她们那城镇里很多人都羡慕不已的。

有一次杨大妞突然找到我，拉着我说了一通。大概意思是，人是不是还得有点儿追求啊。

我说那当然，不然跟"行尸"有啥区别，没有灵魂，只有一具躯壳。

第 6 章
生活中的细节之美

她一拍大腿，说："那我决定了，我要杀到北京去。"于是就有了后来的故事。

她刚到北京受过不少苦，毕竟人生地不熟，除了我一个朋友之外，再无其他。而我也帮不了她多大的忙，很多事情还得靠她自己。

为了节省点钱，她租的是隔断。五户人挤在一个大屋檐下，五户人家在五个小隔断里各怀心事，各展抱负。

大妞摒弃了之前的教师职业，去培训机构当了一名讲师。这个职业也算是她的一个爱好，以前没做的，现在都算在了她的职业规划里。

因为她之前没做过这个职业，是以实习生的名义进去的。曾经的老师，受尽学生和家长的爱戴，但现在呢？是以一个实习生的名义进去的，也就是说她要听人指使，给别人跑腿打杂儿。

而且她还不能有任何牢骚和怨言，就算有，也不能在脸上表现出来。

那么辛苦熬了半年，杨大妞跟着跑了无数次场，做了 N 本笔记，喉咙发炎了七八次之后，她也正儿八经地当上了一名讲师，开始有模有样地在台上发表演说，展示她的魅力。第一次登台的时候，她叫我去看了。

那架势还不小，下面座无虚席。我看着杨大妞控制着全场，那架势，比城镇老师训斥学生时还要大很多。

她逻辑缜密、条理清晰地为公司的产品演讲，时不时风趣地与台下客户群体互动。灯光和掌声，把她衬得像个女王。

大妞在北京奋斗了几年，钱越存越多，工作也越来越忙。几乎都顾不上跟我吃几顿饭。

生活要有仪式感

她很努力,也很拼,她赚的钱,其实足够在她梦想的地方,买个小户型的房子。

可忙着忙着,她就忙忘了,想赚更多的钱,想买更大的房子。我说杨大妞你变了,变得忘记自己的初心了。

她有点不好意思,似笑非笑地点点头,又摇摇头。她说没忘,都放在心里了。

不过她前一阵跟公司请了假,去了趟仙本那。她给我传来照片,照片上的她坐在海边上,面向着日光,一副很安静的模样。

她说在这里的感觉很好,远离了城市的喧嚣,也没有繁忙的工作需要自己赶,静下来享受生活,真的很美好。

最后她说,没来之前没想太多。现在来了之后,不想回去了。我笑着给她回,那就住下吧,别回来了。

杨大妞最终还是回来了,跟着她回来的,还有那蜕变了的一颗淡泊的心。

她想通了,接下来的日子不想那么忙碌,想经常出去走走。不一定非要在海边买房子,但一定要经常去海边发发呆,走走看看,与海为伍,与海浪一起歌唱。

杨大妞出来的这几年,她领悟出了一些道理。她知道钱是赚不完的,健康是不能透支的,生活是需要享受的。

她努力地存过钱,现在她想任性地享受一下。毕竟人生需要柴米油盐,也需要"海阔天空"。

我想我会向她学习,既有雄心壮志,又有春暖花开。